U0047797

我在房市 賺一億

作者 月風（李杰）

〔推薦序〕
房地產這條每個人必經之路

人生只有一次，認識自己，找對位置，財富必定隨之而來。認識月風已有二年多，但月風認識我卻有四年多。哈哈，因為我很早就出了一本房地產書籍《房地產賺錢筆記》。

月風此書，幽默風趣，言之有物，是值得一看再看的書籍，也值得收藏，作者把這輩子操作房地產的菁華，在書中揭露，不藏私，令人感動。

月風在現實中就我對他的了解，一大堆粉絲，徒弟崇拜他；他也總是知無不言，言無不盡，協助身邊很多人靠房地產和股票致富。另外作者成立FB的富豪居社團，人數增長之快，前所未見。而且我也親眼目睹，好幾次月風辦的講座，一場講座竟達500～1000人，月風的影響力之大，可見一斑。

我每個月也有和月風大大合辦現金流，和另一款月風小時侯創的一款遊戲《商戰人生》。每次辦現金流人數之多，百人教室常常塞爆，而且《商戰人生》這款遊戲，每

次帶去玩的企業家人士，更是對小小年紀竟可創出如此強大遊戲感到不可思議，玩過月風《商戰人生》遊戲者，大多再也不想玩其他大富翁或現金流等理財遊戲，此遊戲對現實中的幫助之大，可見一斑。

人生有許多階段，而房地產這條路更是每個人必經之路，作者把正確房地產觀念分析透徹，接著出價、談判、裝潢寫得生動迷人又幽默。我誠摯希望每個《房地產賺錢筆記》的書迷，皆要買1～3本月風的書，並且再看完書之后，親自去參加月風相關理財活動，並且給月風大大簽名、收藏。

暢銷書《房地產賺錢筆記》作者

王派宏

〔作者序〕

人生，操之在我！

與其說為自己的書寫序，不如是說是為自己的人生立下一個里程碑。

從小到大，多數人總是活在別人給的框架中而不自覺；「這不可能」、「這行不通」、「你做不到」……

這些觀念是誰給你的？

在回答前，請再看看下面這個問題。假如，現在有四個工作的薪水如下，你會選哪一個？

A：60000元

B：35000元

C：22000元

D：5000元

很多人都會說：「當然要選60000囉！連小學生都懂！」

可惜的是，大多數人永遠只看到表面上的數字，卻看不到數字後面的真正機會！

如果上面的題目，改成下面這樣，你的選項還會相同

嗎？

A：60000元 搬家工人

B 35000元 科技業工程師

C：22000元 上市公司董事長助理

D：5000元 房仲業務員

　　搬家工人表面上是最賺錢的，但隨著年老力衰，工作能力會一直下降，收入也會隨之降低。科技業工程師底薪一向不高，但早年不少公司有配股，現在雖然分紅制度改變，但較好的公司如台積電、聯發科等一樣會有分紅獎金可領。而上市公司董事長助理薪水，看起來就是死菜鳥上班族，但如果每天在成功人士身邊耳濡目染，一但掌握住金錢遊戲的規則，收入一下就會三級跳的打敗上述兩者，甚至有可能因努力而遇到貴人提攜也未可知！房仲業務員看起來最廢最沒用，又累又操，薪水又少……

　　上述四例，同時也是我20歲時，與幾個朋友徘徊在人生路口時的選擇。

　　有朋友真的跑去當搬家工人，領日薪，過著每天白天喝阿比、晚上抱小姐的生活；有朋友跑去台積電領一年150～180萬的獎金+分紅；有朋友跟著上市公司老董當起小助理……

　　而我則是從陌生的房地產市場開始，過著最痛苦最煎熬的歲月。（當時身上多餘的錢，連500都沒有）因為我知

道，全世界大量的有錢人，都是從房地產大撈特撈，而躋身富比士排行榜。所以，深入了解該產業，掌握議價談判的技術，及了解投資客的「眉角」，是我選擇成為房仲背後最大的誘因。

數年過去，在搬家公司上班的朋友因為肌腱受傷，現在只能在工業區上班，月收入不到35000；而台積電的朋友在股市重傷，不但沒存到錢還負債；跟著上市公司老董做事的朋友離開公司，開起跨國貿易生意，現在在台北仁愛路圓環有一間傲視群雄的超大公司；而我則是買進了超過400筆房地產，而成為中壢區最大投資客之一，過著半退休的生活。

有人會說這是運氣使然，但我告訴你，把人生的結果推給命運，是一種非常不負責任的表現。

畢竟……當年我們可是處在同一個時代，同個年齡，同樣「沒有任何本錢」的年輕人啊！我們一起經歷了2007股市房市的瘋狂，也體會了2008金融風暴的艱澀，在各自三十歲的這一年，有了不同的結果。

人到了三十歲，無論你心中對現實的想法如何，你的存款簿，就是你的成績單。不要說自己懷才不遇，也不要覺得自己遇人不淑或被埋沒！社會是現實的，沒有人應該幫助你，支持你。

同樣的，如果你在投資的路上顛沛流離，不要怪命運對

你不公，也不要怪家境不好！因為，只要你懂得把握機會，人生處處有足以令你翻身的商機！

我從十四歲出社會至今，創業過十餘次。在投資這條路上，也從一張股票開始，到控盤上市公司；從一間老公寓，到四百間中古屋；絕對有足夠的「實戰經驗」與你分享。

希望這本書的內容，能夠成為引領讀者進入房地產的開門磚，讓我吃過的虧，嘗過的苦，走過的冤枉路不再困擾你。

雖然，照著書中內容不能保證讓你成為下一個我，但有為者亦若是，也許藉由本書的引路。

誰敢說，你，不會是下一個台灣奇蹟？

記得：人生，操之在我！你的未來掌握在你自己手裡一起為更好的明天，加油吧！

月風

目　錄

目　錄

目　錄

第一章
搞懂三觀念，再來買／賣屋

為什麼有人出手就能買到好房子，
你卻買到地雷屋？

為什麼有人眼光準確，買賣房屋好歡樂，
你卻屢屢被套牢？

不論是自住或投資，
都要搞懂這些事，再下手！

買屋，要用「投資」的眼光買

「**我**在八年間，買賣過四百間房子～」
每次演講，當大家聽到我的買賣屋經驗時，絕對會問我一個問題：「究竟要如何做，才能在這麼短的時間內，經手四百間房子？」

這，就是我要寫在本書中的精髓。

首先，請大家想想，當你在買房子時，是不是會立刻區分為要「自住」或「投資」？

「當然囉，自住跟投資，畢竟不一樣！」大部分的人都會這樣想。

錯！

無論你是自住或投資，你要想的事都一樣。

在我的認知中，房子只可以有一種用途，那就是「投資」。

因為，即使是自住者，在買屋之後，還是可能因為工作、孩子、生活等種種關係，有賣屋的機會。當你沒算清

楚就買屋，一旦賣房的時候價格爆跌，你就會知道，房子才是這輩子金額最高的投資。

坊間的房產書，大都教讀者如何買屋、如何鑑定房屋，卻忽略了「投資和自住」、「買屋和賣屋」，都是一體兩面的事。

我在八年間，從第一間屋子開始，陸續買賣了四百間房屋，我發現，在買屋的同時就想到賣屋，未來賣屋時就更加順利，避免「買錯屋懊惱，賣不出去悔恨」的情形。

換句話說，不論是自住或投資；不論你現在想買屋或賣屋，在這本書中，都可以看到「買屋／賣屋」該注意的事情及方法。

畢竟，當你買屋時，都希望買到好房子；當你賣屋時，也希望房子能賣到好價錢。

不是嗎？

或許，你可以大聲的說：「這間房子我很喜歡，一輩子都不會賣！」但是，總有一天，這間房子將會再次「用」到；無論是未來換屋、投資需求、或是「以房養老」、還是子女想創業，拿房子殘值去銀行貸款……等。

當這些需求發生時，你總不希望，房價已經折半了？！

台灣人喜歡買屋，上天堂時，不一定有大筆現金，卻會

留房子給子女。你是否想過，子女會怎麼使用這個房子？
如果，房子一戶，子女兩人，那麼，最大的可能性就是將
房子賣掉變現。

對下一代來說，除非自己就住在裡面，或者房子存在更
多的利益，暫時不拿出來賣，一旦未來利益不在了，或子
女想換屋，那麼，賣屋求現的可能性還是很大。

所以，賣屋只是早晚的問題，無論如何，在買屋時，當
然還是要用投資的角度來選屋，才是王道！

NOTE 月風買房／賣房筆記

說到買房，近來很流行的都更話題，也是大家很好奇的焦點。

我認為都更是一定會做的，只是早晚問題。

一般來說，房子的使用年限大概五、六十年，當房子不能住時，還是要重蓋。就算拖到八十年，可能這輩子等不到，兒女、孫子總等得到吧！

從這個角度來看，買都更型的房子給兒子或是孫子，是划算的。

前提是，這個房子要買在低價，且符合我在後文所提到的 A 級商圈，這麼一來，回報率才會高。想想，現在投資一、兩百萬，未來可能變成三千萬，回報率是很高的，所以，都更屋是可以做的投資，只是你這輩子可能用不到。

如果，你希望子女出社會時就有一筆龐大的資金可運用，或者孫子出生時，就有一筆阿公阿嬤的愛孫金，那麼，投資低價的都更屋，倒無不可！

下手前，要想的第一件事！

　　經常有人問我：「月風，我有個房子想賣，你幫我看一下，這個屋子賣不賣得掉？提高價格有人買嗎？」

　　「你的房子有什麼優勢？」

　　「有啊，這個房子靠捷運站，附近有市場……」

　　停！

　　買屋要靠捷運站、靠學校、靠公園、靠大學……這些大家都懂。可是，當同一個商圈也有別人在賣屋時，你如果確定，自己的房子可以最快賣掉？

　　答案是：在買屋的時候，就要選自備款最少的案子。

　　如何能讓下一個買方用最少的自備款跟你買房子，這才是重點。

　　每次下手買屋前，我會將所有的「自有成本」再加上我想要的利潤，算出下一個買方的買價，預想這個價格能不能成交？

　　當我拿出計算機點來點去時，我不是在計算我的成本，而是在算下一個買方的成本，算下一個買方要花多少錢，算買方能不能拿出ＯＯ萬的自備款？

　　如果勝算不高，我就不會下手。

　　買房子的時候，我一定會把下一個買方的頭期款算在裡

面。

買賣經驗多了之後，我得到一個結果：**最爛的房子（市價最低的房子，例如老舊公寓、華廈）跟最好的房子（豪宅、店面）都可以買，中間型的房子絕對不能投資。**

中間型的房子，指的是新蓋或新古（沒人住過卻擺很久）的「非店面型透天」、無商圈的店面、及單價較高，但非當地指標區域的豪宅或電梯大樓。原因在於，中間型的房子，在銀行估價時，跟最爛的房子差不了多少，可是總價卻高很多，高出來的數字，全部是自備款，到時要賣出，也比較不好賣。

買屋就選「C級地段A級商圈」

有句話說「七成地段，三成屋」。

教人買屋時，我一定會再三強調地段的重要！

現在，是M型社會。

房地產市場，一樣是M型社會。

信義區、大安區……這些豪宅的市場，不是一般市井小民買得起的，所以本書中，我告訴大家的，都是「豪宅以外的買／賣屋祕訣」。除去豪宅、貴鬆鬆的菁華地段外，買屋，一定要買在「C級地段的A級商圈」。

什麼是Ｃ級地段？

從全台灣地區來看，台北是Ａ級地區，新北是B級地區；桃園、新竹、台中、就是C級地區。

Ａ級商圈，指的是該地段最夯的商圈。

以桃園來看，北桃藝文特區、南桃海華特區，就是C級地區的A級商圈。

相較於台北信義區而言，屏東，算是Ｅ級地段。

猜猜看，墾丁大街上的雙併透天厝，要賣多少錢？

答案是一億。

想不到吧！在全台灣最南邊的地方，卻有這麼高的房價，為什麼？原因就是，墾丁大街是Ａ級商圈。但是離開商圈，開車三四十分鐘後的屏東，相差不大的透天厝，開價只有兩百萬。

為什麼差五十倍？

答案就在於兩個字：商圈。

Ａ級商圈，就是好價。

人，都有習慣性，過去買Ａ級地段的人，就會想要擁有Ａ級地段的Ａ級房。但是，會去買Ｃ級地段的人，還是希望在Ｃ級地段住到Ａ級商圈（地區）。

舉例來說，信義區的新屋，沒有五千萬、一億買不到。而信義區的公寓每坪八十萬，即使擁有兩千萬的人，不會想在信義區買老舊的公寓，寧願到文山區買好商圈的房子。

再舉一個例子，台中算是 B 級地段。

台中的房子便宜嗎？

真的說起來，台中的房子，大部分都很便宜，可是某些區域如逢甲、七期，就很貴。

如果你還是不相信，那麼，我再說一個「大園機場」的例子。

從大園機場到大園市區的路段，一間房子從兩百萬到三百萬不等，但是，一開到大園市區，一間房子立刻跳到兩、三千萬──開車也不過二十分鐘。

一樣的道理，在桃園、中壢、高雄、花蓮……各地都相同。這些地方，都有主要的商圈，這些商圈的房子，都不太會跌，即使景氣不佳，房地產都跌時，這些地方跌幅也會比較小。

我的第一屋，幸好「有眼光」！

我的第一間房子，買在內壢的忠孝路。

內壢，是桃園的 C 級地段。

　　我選的地點，位於內壢火車站前最繁榮的地方，也就是內壢的Ａ級商圈。

　　看過房子後，找了一位在國Ｘ銀行的朋友，請他上網幫我查他們銀行在忠孝路周邊放款的金額。當時，銀行對於忠孝路前段的鑑價是每坪十三萬，中段大概十一萬，末段約八萬。

　　「我看到一間房子很不錯，要不要一起投資？」

　　那一年，不需太多頭期款，手上幾乎沒有現金的我，和一位朋友商量共同繳貸款。

　　「好啊。」

　　朋友說要我先去談房價，先談再說。

　　與屋主談價後，我以每坪5萬的價格買到這戶三十坪的房子，心中得意不已的想著：「我買的價格這麼低，真是削爆了～～」

　　交屋當天，我立刻整理房子，希望能儘速清空房子，趕快賣出賺差價。就在倒垃圾時，剛好遇到住在樓上的阿婆。聊著聊著，我好奇的問：「你們當時買多少錢？」

　　「一間60！」阿婆說。

　　「不會吧？我買150萬，妳買60萬，這……也差太多了吧！」

聽到阿婆說的價格後，原本心中那把意氣風發的火，立刻被大瀑布沖刷得一乾二淨。

我……我可是幾乎百分之百貸款，如果賣不掉可就悲劇了。偏偏此時，原本有意願與我共同繳貸款的股東，突然說要放棄投資回老家。一想到要獨自背負一百多萬的貸款，開始害怕賣不掉怎麼辦？被套住怎麼辦？

想來想去，決定先將房子租出去，然後，在心驚膽跳等候了一個月後，終於有人願意租，且每月租金還比我需要繳的貸款多出五百元。

我的第一屋，就這樣子的留了下來。

不久前，仲介公司告訴我，這個房子已經漲到將近500萬！這當中，只過了短短六年。

我的第一屋，因為完全沒有買屋經驗，可說是被「套牢」了。現在回想起來，我的運氣真好，雖然當年被套，房租收入卻比貸款高，幾年之後，房價也比購入時多出350萬！我還真有房地產的眼光！！

所以，如果你不是富翁，又想買房，那麼，請務必選「A級商圈」的房子，那怕像我這樣，當初的房價買高了一點，放個幾年，房價升高的機會，將比其他商圈的機會高。

NOTE 月鳳買房／賣房筆記

你挑選的區域，是屬於「資金成長」型嗎？

這個縣市的人口比例跟存款比例是不是一直在增加？

這個區域的前景如何？

假如，你喜歡投資新北市，那麼就要查一查，在新北市中，哪一個區域的人口是最多的？存款比例最高的？

當區域的人口比例跟存款比例呈現增加的態勢時，就代表這個區域的未來是有前景的！

相關數字，從主計處上面就可以查得到！

在我寫這本書時，全台灣只有一個地方的人口比例和存款比例減少，那就是新竹～～未來如何，則要持續觀察了！

沒錢？剛起步？就把交易優勢擴大！

「我也想靠房地產投資賺錢，可是本金不厚，怎麼做？」

「房地產投資？都是有錢人的遊戲啦！」

說到房地產，最常聽到的就是「沒錢不行」、「有錢人才做的事」。

真相，並不是如此。

從小到大，我對於歷史書非常有興趣。在投資時，也常會拿歷史故事來思考投資策略。

大家都知道，台北的房價是最高的，億來億去，轉手就是數千萬。問題是，在資金不足時，想從投資台北市起家，並不容易。

思前想後，腦海中浮現「小，就找競爭者少」的策略。

對，就是這個！

資金少，就往房子便宜的地方跑。

我在買第一間房子時，幾乎全額貸款，雖然這戶房子沒有賣出去，幸好每個月繳的貸款不多，還撐得過去。

有了這次的經驗後，第二屋、第三屋就每買必賺，買完第二戶結束之後，我甚至買20戶，20戶買掉之後，我就一

直維持手上20戶、30戶的量！然後累積到400戶！

　　誰也猜不到，最早，我只是一毛本錢都沒有，完全靠槓桿的資金運轉而已。

　　如果，當年的我選擇從台北市出發，第一屋賣不出去，光是貸款就壓死了，大概也不會有現在的我。

　　台北是沒錢就沒機會，頭期款不夠的人，一定要想辦法將交易優勢擴大；桃園漲很多，就到苗栗！台中七期太貴，就到北屯發展！高雄美術館區天價，那麼台南如何？

　　我的一位好友在台南買了十幾間公寓，每一戶的價格都在一百萬以內，現在漲到一百五十萬，對於手邊現金不多、剛起步的人來說，每一戶賺五十萬，是不是削爆了？

　　台北是會漲的地方，問題是，門票很貴！所以，剛起步時，要先去其他地方，把門票賺夠了，再回來！

　　台北市中心雖然安全，從2008年開始到現在，在市區的投報率，很難超過一倍，因為原本就很高了，土地了不起漲五～六成！外圍縣市呢？光桃園，就漲兩到三倍！

　　所以，再套句前文提到的重點：**要懂得從C區的A級地段來賺錢。**

避開套房，買３房最佳！

　　自從有了捷運後，很多人會開始投資捷運套房。

　　即使有捷運，我也不投資套房。

　　會住套房的人，可歸納為兩種人：第一是學生，第二是單身、收入不夠多的上班族。

　　房子租給學生，即使是原本很新的房子，在每年一批又一批學生的「踩蹋」下，愈來愈破舊，比不上其他新的房子時，租金也只能愈開愈低。租給收入不夠多、落魄的上班族，遲繳、欠繳房租的情形，則是常常可見。

　　套房產品太多，都有新的套房出來，現在是最好的，過兩年就變中古，再過兩年變舊的。

　　所以，套房的產品永遠都在折價。套房小、活動空間少，住久了並不舒適，一旦房客收入變好，不是買屋，就是租空間更大的房子。

　　所以，我絕對不會投資套房。

　　我買的，都是３房的屋子。（有時，也會有２房）

滿足一個人的生活機能，至少要兩房才夠，尤其單身者婚後如果生小孩，兩間才夠。

　　不論是租是買，是單身、夫妻、或夫妻加小孩，２房也比較符合人性。

２房屋和套房比起來，空間就是舒服，所以，同樣破舊的房子，套房沒人想買，但２房就會有人願意買。

假如價格低，那麼買方還不只一組呢～

在房價愈來愈貴的情況下，兩房的產品，可以滿足夫妻跟小孩的需求，加上很多人不跟爸媽住，所以這類的產品很受人歡迎。

所以，我會鼓勵一些想投資房地產，卻沒有大量資金的朋友，購買兩房的產品。如果資金比較多，那麼就以三房為第一選擇，因為三房仍是主流，千萬不要去買套房和四房，這兩種產品的客戶比兩房、三房少，相對的就比較不容易脫手。

NOTE 月鳳買房／賣房筆記

買房子時，要抱著「幫下一個買方找房子」的心情。產品類型、價格，都是要考慮的大方向。

「合法」也是一個買房時的重點。

有一次，一位朋友po了一張房子的照片給我，照片中有數個套房，每個套房都裝潢的很浪漫，價格也便宜。

「千萬不要買這個房子。」我立刻告訴朋友。

這些浪漫的套房，位於頂樓，說穿了就是頂樓加蓋屋。

從法律上來看，民國82年後的頂樓加蓋屋並不合法，屬於違建，很有可能被報拆。

「難怪這麼便宜～」朋友聽了我的話之後，也立刻打退堂鼓。

很多買家喜歡買頂樓加蓋，其實頂樓加蓋是貸不到款的，又容易被拆。

而且在台灣，唯有台北市才有頂樓加蓋的價值，因為台北市的土地太稀有了。離開台北市，頂加貸不到款，又容易漏水，還要處理法律問題，何苦呢？

這樣的物件，我絕－對－不－碰，你呢？

買賣獲利與居住品質，誰重要？

在買房子時，如果有一屋有很大獲利空間，但居住品質沒有那麼好；另一屋居住品質好，卻沒有太大的獲利空間，你會買哪一戶？

或許，你會回答：當然是選居住品質好的。

我的想法是：**買賣獲利最重要**，居住品質其次，關鍵在於，只要多轉個三筆、五筆，就可以看到好房子。

居住品質好的房子，價格都不會太低，除非很有錢直接買豪宅，不然，居住品質都不會太好。

沒錢的時候，請以獲利為主，只要逮到一波，很快就可以換房子了！

我有位朋友，在北投有一棟一百八十坪的別墅，空間舒服，還有自己的游泳池。

有一天，他說，他把別墅賣一千八百萬，買了一戶信義區兩房的房子。

「你是腦袋撞到還怎麼樣？為什麼買一千八百萬的兩房，擠死了！」當時我不解，還說人家頭殼壞掉。

結果，一年後，朋友將房子賣了，喜孜孜收了兩千六百萬！朋友，又用這筆錢，買了一個更好的豪宅。

　　當時，他住在北投，生活環境超好，山上空氣超好，樓下就有停車場，後面還有獨立泳池，房價卻一直上不來，沒想到換到一個窄房，扣掉成本，短短一年——

　　就賺到八百萬！

　　親身經歷他的故事，我更可以拍胸告訴大家，居住品質，絕對比不上買賣獲利，因為買賣獲利賺到錢，才可以享受到更好的居住品質，這是前後順序的問題。

　　如果你是有錢人，當然要重品質。
　　如果你的錢不足，那麼，請重獲利！

NOTE 月風買房／賣房筆記

千萬不要為了要住大一點的房子，就買在郊區。
我寧願擠一擠買在市中心兩房。市中心兩房的增值空間，永遠比郊區的四房來得大！

你要賺的是資本利得，不是現金流！

自從《富爸爸，窮爸爸》一書出版後，大家的焦點，都放在「現金流」這三個字上。

我要說，現金流，正是讓你無法翻身的原因。

當你在賺現金流時，就等於是把本金留在原處；當你在賺現金流時，就等於失去賺資本利得的機會。

要快速致富，靠的不是現金流，而是資本利得。

首先，讓我們來了解，什麼是現金流？

從房地產角度來說，現金流就如同買房租人，然後收租金，是一種被動收入。

這個投資理論是非常荒謬的，想想：一個沒有錢的人，要如何買房子租人？房子可以買多少戶？租屋生意可以做多大？

單單就純粹投資來說，現金流是不會致富的。

如果，你有玩過現金流這個遊戲，就會了解，「如果只靠現金流」，在老鼠圈圈裡面的人，沒有一個人走得出來。

以買屋為例，富爸爸的理論是，買了房子後不要賣，只要靠收租金賺被動收入。問題是，對於每個月收入5萬的人，要買幾間才能打平？

我有一位朋友，他和太太的每月收入是8萬元，家庭支出是6萬。

他想買房子、收租金過生活。以一戶房子400萬、每月租金1萬的情況下，至少要買6戶，才能供給他的家庭支出。6戶的房子，就要2400萬元，且要在沒貸款的情況下才能立刻收到每月6萬的租金。

請問，在每個月收入8萬元的家庭，如何能取得2400萬的現金？

就算是利用銀行貸款槓桿，以租金抵房貸，還未必夠貼，如果，再加上房屋稅與裝潢折舊及空租期，基本上這是穩賠不賺的生意。

所以，如果一個存款不多的人想要致富，一定要靠資本利得，唯有資本利得，才能迅速翻滾的你的本金。

資本利得就是兩個字：價差。

舉個例子：我以100萬買珠寶，賣出110萬，的10萬就是資本利得。

　　唯有資本利得才能夠真正讓你以最快的速度，達成財務自由。

　　世界上，最厲害的人都在玩資本利得的遊戲。

　　想想，建商如果覺得現金流很好，為什麼蓋了房子還要賣？

　　不只是建商靠資本利得賺錢，投資客也是靠資本利得來賺錢，用這次賺的錢再賺到另一個資本利得，然後一直翻、一直翻……。同樣是投資房子，資本利得將會比現金流，更快達到財務自由。

NOTE 月風買房／賣房筆記

如果，你不是有錢人，無法靠買豪宅獲利，卻又想靠房地產投資獲利的話，最好選擇台北市以外的地方，物件比台北市便宜許多，卻同樣有Ａ級商圈，周轉率很快。

如果，你買屋是希望抗通膨，那麼不用說，台北市一定最適合。

買屋獲利與抗通膨不同的角度，就像有人買黃金是為了保值，買賣股票是為了賺錢，並不相衝突。需求不同，考量點不同，要獲利？要保值？想清楚再下手！

錢不夠多時，不要買屋租人！

現在，你已經知道資本利得和現金流的不同了。為了讓你可以更加明白為什麼我一直強調「錢不多時，不要買屋租人」，我將再用一個活生生、血淋淋的實例算給大家看！

「月風，我目前有五百萬現金，我想，乾脆就買一戶房子收租金，反正也不必繳貸款！」朋友Ｐ告訴我。

Ｐ住在新北市較荒涼的地方，這個區域約莫五百萬可以買一間中古屋，租金大約月收入一萬，每年簽一次合約。

Ｐ認為，他有這麼多現金，放著也是放著，不如買房子收租金好。

「如果收租金，一年頂多收12萬；如果賣房子，不貪多，賺一成差價就好，那麼一年就能收到50萬，租房子得租4年才拿得到，你要選哪一個？」我算給Ｐ聽。

這是一年賣掉喔！如果半年賣掉，再買一間又在半年賣掉，那麼，一年下來，就是賺一百萬，相對於租金12萬，差異就非常的大。

很多人因為沒有搞懂這個差異，不曉得一翻二、二翻四、四翻八的策略，只想到收利息（房租），我覺得十分

可惜。

　　當然，你一定會問：萬一房子賣不掉呢？

　　過去，我看過上千戶房子，在短短幾年間買賣了四百間房子得到一個結論：**只要懂得選房、賣房技巧，房子很快就賣得掉。**

　　我放最久的房子，就是我的第一屋，當時因為沒經驗才放著。這之後的百間房子，大都是3～6個月就賣出，最久一戶是滿12個月就賣出——這是唯一一間超過8個月的案例。（在這本書中，我將傾全力，告訴大家選房、賣房的技巧，幫助你快速賣房，讓下一個買家買的高興，住的愉快。）

　　同時，我也要反問：「萬一房子一直租不出去呢？」

　　我看到很多房子，擺了一年都租不出去，此時，房東就開始鬆動，決定賣房，沒想到半年過了，房子賣不出去，就算有人開價，價格也壓得很低，於是房東一氣之下決定不賣，又開始貼出租屋大字，一直惡性循環。

　　會出現租不出，賣不掉的情況，最主要的原因，還是在於不懂得選屋，不曉得如何賣屋。

　　如果，你剛好正處於「租——賣惡性循環」，或是身邊

的親朋好友遇到這樣的情況，那麼請務必繼續看下去，將有助於幫你發現賣不掉的原因，幫自己解套！

不要買房子來改套房

「月風，我最近看到一間房子，如果買來後改成套房再脫手，應該會很賺！」

聚會時，一位朋友說。

我知道，房產投資圈中，十分流行買公寓改套房後再脫手。

但我絕對不會這樣做。

改一間套房要多少錢呢？

從投資面來看

假設某甲買一間100萬的公寓（30坪），頭期款20萬，代書費、契稅、保險費、仲介費約5萬，清潔費和油漆換燈等費用約3萬，總共是28萬。

如果改成五間套房，以每房改造費用26萬（含家具、家電）來計算，總改造費為130萬，再加上頭期款20萬和代書費等規費5萬，總金額相當於155萬元。

如果希望賺30萬後脫手，那麼下一個買方至少要準備185萬的頭期款（155+30）。

空屋ＶＳ改套房費用表

項目	空屋	改套房
頭期款	20萬	20萬
規費	5萬	5萬
套房改裝費	--	130萬
清潔打掃整理費	--	5千
油漆、換燈、換窗簾	--	2.5萬
真正要付的頭期款	28萬	155 萬

空屋賣出，利潤高！

　　一間改好的分租套房，視租金多寡，每年大約可以賺到
50～100萬的利潤。空屋，平均利潤約30～50萬。

　　假如Ａ先生剛好有155萬，投資在一間分租套房上，一
年後出售最大利潤是100萬元，那麼投報率是64.5％。而
投資在空屋上，155萬可以買5間，一年後出售最小利潤應
該是 30 x 5＝150萬元，投報率是96.7％。

　　你以為這只有64.5％和96.7％的差距嗎？

　　錯！

　　你還少算了時間要素。

一間套房改好，至少要60～80天。在等待滿租的期間，至少又要 60～80天。如果再加上分眾市場的因素，想賣出改裝套房，平均要一年。中間雖然有少量租金收益，但還是要繳房貸，所以差額並不多。

空屋呢？買進一間空屋，還沒交屋就可以「借屋裝修」，甚至還沒交屋就已經處理完成。

以桃園地區為例，一間漂漂亮亮的「空屋」，只要三個月～六個月就可以成交。也就是說，剛剛計算的投報率，因為時間因素，要再往上翻兩倍！

因為，就算半年賣出空屋，拿回來的資金，還可以再買進10間空屋，而不是一開始的5間。

所以，正確的計算應該是從第一屋買進半年後到年底：

155萬的本金＋150萬的利潤 ＝買進10間空屋

一間一樣只賺30萬，「俗俗賣」！到年底時，155萬的本金，可以滾出450萬的「淨利」只買賣空屋，投資155萬，年底變成 605萬買空屋改套房賣出，投資155萬，年底變成255萬！

這……就是差距！！！！

買屋改套房＝小眾市場

前文，我提到「分眾市場」，相信很多人對此感到好奇，在此詳細說明。

你覺得，買來自住的人多，還是買改裝套房的人多？

當然是自住的人多。

我很喜歡用切蛋糕來比喻這件事。假如將蛋糕當成自住客，改套房就是將自己的蛋糕切成小塊。在台灣，最大的買方是自住客，再來才是投資客。

投資客可以買空屋來改，自住客卻不願意將改好的房子，再打成空屋、重新格局。

行銷用語來說，自住客是大眾市場，改套房則是分眾市場。

想投資的人可以買空屋來自己改，但想自住的人卻不可能買改好的套房再改成兩房或三房！

改裝成套房，相當於將所有想自住的客人趕走，你的「準客戶群」立刻少掉七成以上。

你想要吃大蛋糕？還是小蛋糕？

聰明的你，一定懂正解。

NOTE 月風買房／賣房筆記

為什麼空屋比改套房還要好賺？
因為改套房花的「本金」太多，如果一直將觀念停留在改套房，
就失去了「財富移轉」的機會。

我在決定要不要買房時，出發點都在周轉率上，因為周轉率快，
賺資本利得，才會及早達到財務自由。
在我尚未財務自由前，最常想的是：「我的一百萬，要如何在一
年內變成五百萬？有沒有可能變成一千萬？」

周轉率、增加交易量、資本利得、快速成長，才是正果。

買屋重點，
真的不在景氣／不景氣。

我常常被問到：「不景氣時，還能投資房地產嗎？」說真的，在房地產上使用「不景氣」這三個字，實在很籠統。

我會在大家口中所謂的「景氣」時購買，也會在「不景氣」時購買。而不是「不景氣就買」，或「不景氣就不買」。

所有房地產的數據，比如說空屋量、餘屋率、銷售數字、新成屋蓋多少……等，對我來說，都是沒有用的。因為，**這些數字是落後的，可是，景氣反映的速度卻是很快的**。

你所看到的數字，有些是去年的、前年的、上一季的，等到確認時，房子都漲上去了。

以桃園來說，在一年的時間內，已經翻轉了50％到100％之間，如果你還在看數字等報告才決定下手，根本

來不及。

再舉個例子，民國81年到91年，是大家認為房地產不景氣的時代，難道，在這個時候買屋的人，全部都住套房嗎？

當然不是。

所以，買屋絕不是用景氣／不景氣的標準來衡量，而是從反轉的空間中，來抓準進場時間。

請不要再將「景氣／不景氣」掛在口中。

如何在第一時間切入購買，才是從房地產中賺到資本利得最大的關鍵。

雖然，我認為硬性將景氣／不景氣套在房地產上過度籠統，但我也認為，房地產是一種景氣循環，只要懂得在反轉點購買，就不怕！

認識我的人都知道，我從白手起家開始，不到三十歲就財務自由，全是從股票和房地產中賺到錢。因為研究深入股票，了解基本面和技術指標，我發現，房地產也有線圖可看，只要你懂得個中訣竅，就能從大家口中所謂的「不景氣」中，找到反轉點。

本書第六章，我將會以實際的圖來教大家如何找到房產

反轉點，同時，也會告訴大家買哪一個區域較安心，讓你不但在第一時間買到好價格，等到房市較熱時，還能找到熱門地點賺上一波。

絕對絕對，不搶高！

「今天不買，明天更貴！」房地產熱門的時候，大家最常聽到的，就是這句話。

在這個時間接觸房地產的人，會買房地產書的人，會去參加房地產課程，聽房地產演講的，幾乎都是新手！

景氣的大循環，起碼十年以上，沒有人在這行業待過十年的人，不會見識到空頭。所以**看著房價一直漲，一直買**。

房地產，不能這樣買。

2007年的時候，投資客像海一樣多，而我出的價格，比投資客要低很多，那時候，仲介一通電話都不打給我，他們全都將房子賣給別的投資客。從台北來的、新竹來的，都拚命出價。

2008年的某一天，我在世貿看展覽。早上九點，第一通電話響起，是仲介打來的，然後第二通、第三通，接到手機都沒電。

為什麼突然間，仲介們全部打給我？因為，這一年，他

們認識的投資客都死光（被套牢），統統沒人敢買，只剩下我願意買。

這一年，我的銀彈也存夠了，於是，所以地點好又低價的房子，統統變成我的。

到了2008年底，房地產又反轉了，我手上的房子也熱門起來，一戶一戶賣到好價格。

這一年，我27歲，靠股票和房子，達到了財務自由，就算每天花一萬，不賺一毛錢，還可以花個二十年～～

NOTE 月鳳買房／賣房筆記

在投資時，人們往往會衡量「風險跟利潤」。

如果以利潤為主，那就盡量追、盡量衝、盡量闖。賺到，就是你的；爆掉，

你就要認。

我認為，在本錢「沒有很粗」時，風險比利潤還來的重要，必須要在正確的時間點，做正確的事情。如果時間點不正確，真的要忍住。

房地產，也會跳樓大拍賣！

走在路上，我們經常會看到服飾店寫著「跳樓大拍賣」！

告訴你，房地產，也會跳樓大拍賣！

L，是我的一位朋友，他爸爸是一位建商。

1998年，L爸爸與股東們蓋了一批社區，每坪16萬成交。這個社區規畫得很好，L的妹妹看了後很喜歡，好說歹說，終於以一坪14萬的價格買到。

聽聞這個社區，我也前往欣賞。這個地點就在火車站附近，社區營造得很舒服，不過～～每坪16萬，並不是我中意的價格，這一個社區，我看了很多戶，雖未購買，卻已經做好了功課，在心中暗自想著：將來如果有機會，這個社區絕對可以出手。

結果，機會之神真的降臨！

2008年，因為投資客縮手，L爸爸蓋的社區，也受到波及。

L告訴我，只要有人願意將手上的餘戶吃掉，價格好談。我心想：「L對我還真了解！果然是兄弟！」

這一年，我買下了L爸爸與其股東們手上的一批房子。

買入價：**每坪五萬。**

你沒看錯，就是每坪五萬。

所以，別以為只有衣服、小雜貨等才會跳樓大拍賣。

當時機來臨，而你的手上又準備好現金時，好房子，也會跳樓大拍賣給你看。

為什麼原本每坪十六萬的房子，可以跌到每坪五萬？

原因不必深究，我只知道，中華民國每天都有人缺錢，尤其當一個人有房子又缺錢時，賣房子是最能籌到一大筆錢的方法。最妙的是，同期還有很多房子，都在跳樓大拍賣！

每位仲介來找我時，都抱著一疊疊的合約，每坪都是對半、三分之一的價格。

當低價出現時，要對哪一個社區、哪一戶房子出手，就看你之前是否做好功課！

平日，就要留意哪些標的、社區很優，等到大家不敢進場、價格跌下來時，就能讓你買到好房子。

你的功課準備的愈充足，愈能在第一時間買到好房子，日後賣屋時，就能在最快的速度賣出，讓銀子入庫。

至於買屋的功課有哪些？

別急，下一章立刻見分曉！

第二章
不囉嗦，教你成為買屋精

成屋、預售屋，
都有選屋撇步和方法。

本章不但要教大家如何選屋，
更要告訴你如何買預售屋。

無論房子蓋好或還沒蓋好，
就是要你成為買屋精！

第一步 區域總檢查，從畫地圖開始！

想買房，總有個範圍！

在第一章中，我已經告訴大家，買房，不論是自住或投資，都要以投資的眼光來挑選。

接下來呢？

請從你最喜歡的區域開始。

「喜歡」是很大的重點。

研究房地產，就像追女生一樣，當你喜歡時，就會一直想知道更多關於對方的事。

同樣的，當你對某個區域好奇、喜歡時，當然會願意花更多時間來研究、調查、熟悉這個區域，熟悉到連某個小巷弄的一樓養了惡犬，你都知道時，就對了！

畫區域圖，讓住家附近優缺點立現！

你一定常常看到，仲介們騎著摩托車，在你家附近鑽來鑽去，看到類似空屋或出售招牌時，就拿出相機／筆記本記錄。

或者，當你想要買某一區的房子時，就在附近逛一逛，覺得不錯，就留意這一區的房子。

NO！NO！NO！

光這樣，是無法買到好房子的。

如果，你真的希望買到這一區的好房子（自住開心，脫手更快），請不要開車、騎車，而是用走的，仔細逛，並且畫區域的圖。

我的第一張區域圖，是以楊梅為主。那一年，我坐火車到楊梅火車站後，一個人拿著紙，一邊走一邊畫，除了畫街道，也畫巷子，看到任何商店、瓦斯行、市場等，全都標下來，連被廢棄的醫院、壞掉的房子，全部畫出來。

就這樣，我從早上走到晚上，整整走一天。

幾次之後，我對楊梅市已經非常非常熟。如果，你以火車站前的大成路為中心點，兩邊各繞一圈，我馬上可以告訴你，哪些地方有缺點，哪個地區是最優的。

畫圖，是一件非常重要的基本功。

偏偏很多人在學習認識房地產時，都只是看過、走過。一天下來，也許你會知道某個地方的左邊幾條街裡有某些店，卻不知道這條小馬路的名字，就很難做一個全盤的連結。當你把你想研究的地區逛熟了之後，你會很驚訝一件

事情——原來！還有這麼多地方是我沒發現的！

　　每個地區，都有好脫手的房子，如果你沒有太多的時間，建議可以從住家附近開始畫圖。

　　我在仲介公司擔任經理時，就出過這個功課給新進人員，有些新進人員會出現「我在這邊住了十年了，怎麼會不知道有哪些店？」的眼神。一旦照著我說的「地毯式畫圖法」後，大家都嚇一跳。

　　甲新進人員說，他從未發現家後面三條巷子內，有一家「私人神壇」，神壇的負責人，還經常上電視，但也因為常燒金紙，造成該社區的房價不優。

　　另一位新進人員分享，她一直嚮往未來要換到某個夢想中的社區，但做了「地毯式畫圖法」後，完全不敢買了：「因為，這個社區的斜後方角落邊，有一家瓦斯行。」

　　現在，就以你家為中心點，採取井字型走法，往東、西、南、北方先各走三條街，你會發現很多地方很可能藏著危險，或是讓房子扣分的風險。

千萬不要買現成的地圖來使用！

　　一位上班族學員問：「我在台北市上班，覺得公司附近很不錯，可是又沒有太多時間，可以用地圖嗎？」

「絕對不行！無論如何，都要自己畫圖。」

如果，你研究過地圖，一定會發現，有些地方還是跟實際的路不同，因為地圖並無法即時更新，此外，現成的地圖有很多東西是錯的，甚至因為版權問題，會有某個地方印錯。

親手畫圖，最大的好處是加深腦海中的印象。

這個印象將有助於你的買屋判斷。比如：為什麼差兩條街，每坪價格差兩萬？

如果，你沒有親自走過、畫過，你一定不知道，這每坪兩萬塊的差價，是與國小學校有關。

所以，再怎麼忙，也請自己畫圖。

在選定你喜歡的區域後，還要確定哪個區塊最理想，這部分一定得靠雙腳雙手才行。利用假日走個幾圈，將每一條街，每一個巷子畫出來，將所有看得到的設施不管是公車站、7-11、火鍋店、公家機關……，都要畫出來。

還有一點十分重要：路是彎是直，也要畫出來。

因為，有些客戶對於風水十分看重，而路的形狀有正風水、反風水，你知道得愈多，在買屋時就愈能夠「砍價」。

走路，有益身體健康，從今天開始，就讓每一天的走路，變成更有價值的事。

同一個商圈，這樣看地點好壞。

「月風，我想要買古亭捷運站附近，但是這邊有八、九個出口，商圈很多，機能也很像，到底要怎麼選擇才好呢？」

某天，當一位朋友拋出這個問題後，另一位朋友也接著說：「對啊，平平一樣是捷運站出口附近，A屋離公園比較近，B屋離活動中心比較近，C屋離圖書館比較近，開價又一樣，好難選！」

這時候，就要學習「比較的藝術」。

當你知道類似的條件下，哪一個地區更好時，就可以鎖定那個最好的地方。

買的時候，當然免不了要砍價，賣的時候又可以將房子的好處一一道出，如此一買一賣，房價差很大！！

以右圖「A、B社區圖」為例，是以大潤發為中心的簡圖。

請問，A社區和B社區，哪一戶比較好砍？

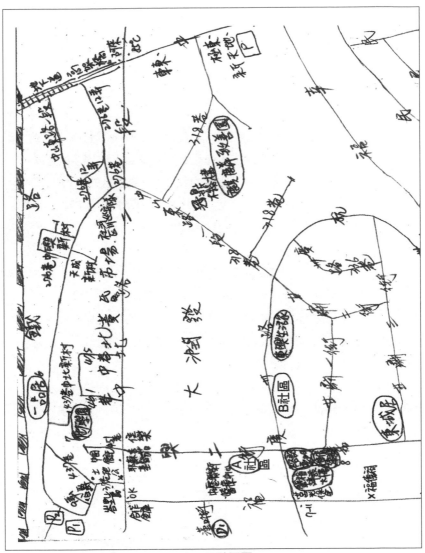

A、B社區圖

我的答案是：Ａ。

因為這個建案旁邊是醫院，從早到半夜，都有機會聽到救護車喔咿喔咿開進去，光是這一點就可以砍很多的價。

但是轉個彎，不到三十秒的Ｂ社區，離醫院不遠，卻有一樣的採購方便性，即使才差一條街，摩托車轉過去三十秒，Ａ社區和Ｂ社區，每坪至少差一萬！

如果是我，我會將Ａ社區砍下來後，放在網路上，買方如果是住在別的區域，從網路上看到附近的房子都是每坪七萬，只有我是開六萬八！而且，兩戶的機能都很像，都是有大潤發、有公園，那麼買方一定會先以開六萬八的房子為主。

只要一坪多賺一萬，六十坪多賺六十萬了～如果一年投資兩間，不就收了一百二十萬～～比上班族要好太多了！！

了解買方心理，脫手更快！

什麼樣的房子C/P值高？哪樣的房子受青睞，好脫手？

在累積了數百間房屋的經驗後，我發現，**買賣房屋，也是一種心理學**。

請問，買屋時，要不要連停車位一起買？將來比較好脫手！

答案是，看客戶層。

比如，房子的等級如果比較差，或者價格普遍低時，千萬不要買車位。會買這樣房子的人，通常以騎車為主，如果有車，也是買等級比較差的或二手車，停在路邊風吹雨淋也不在乎。此時，假如A、B兩間房子，A因為附了車位必須多加一百萬，那麼B一定比較快賣出去！

現代人很喜歡利用網路看房子，這麼做的優點是可看到屋況，不過，對於賣家來說，光是你開出來的總價比人高，連點閱率都不會有！！

　　所以，不需要車位的客戶層，多出車位的價格，可會嚇跑客戶的。

　　但如果房子的等級比較好，就一定要附車位較易賣得掉。如果你開雙B名車，總不會希望它風吹、日曬、雨淋吧？所以，愈是高檔住宅，就愈要有附車位。高檔的豪宅，甚至一定要有「平面車位」、或者「雙車位」，因為很多高級進口車，機械車位還無法停呢！很多豪宅男女主人，都各開一部車！

華廈C/P值最高

　　華廈，是我最喜歡的產品。

　　華廈是過渡期的商品，不屬於電梯大樓，也不是公寓，只能蓋到七樓，有電梯，卻沒有公設，跟公寓的差別，僅在於電梯而已。

　　除了電梯公設外，華廈沒有花園，也沒有庭院，所有的坪數全部都在房子裡面，房價又比新成屋還要低，一樣買30坪，華廈戶內坪數可能有27坪，電梯大樓卻只有21坪。

　　目前，華廈多半是1980年代的產物，雖然有些人覺得比較舊，我倒認為外觀舊不重要，重點是裡面好不好！

　　整體來看，C/P值最高的，非華廈莫屬。

五樓最不易轉

某天，我去參加一個聚會，很多人拿案子給我看，希望聽聽我的意見。

當我看到Ｔ先生的案子時，心想「不妙」！

「為什麼買五樓的房子？」

「因為二、三樓，都是投資客在搶，我根本買不到！」

「那你就得想一想，為什麼投資客都買二、三樓？」

對於公寓的住戶來說，二、三樓是最受到青睞的，大部分的人一想到要走五樓就怕，因此，如果要買五樓，除非價格很便宜、很便宜、很便宜，否則是不易轉出去的！

在轉不出去的情況下，就算有價差，也是看得到吃不到。

大家都在搶的東西，才是好東西。

大家都想買的房子，才是好社區，轉手才易轉得出去。

如果你買的是只有你要的房子，那麼很抱歉，要先建立好「買完放著」的心理準備。

當大家都在搶的時候，買到低價就很難，此時，你可以做兩件事。

一、不搶高。

二、看房產Ｋ線，決定要不要買入。（見第六章）

至於五樓～～我只能說看運氣囉！

好學區最最容易脫手

再請問,什麼樣的地區,兩房最容易脫手?

答案是小學附近。

現代人生得少,兩個算多、一個變剛好,所以,在小學附近的兩房產品,就會是「考慮學區卻沒有太多頭期款」的夫婦購屋的首選,只要房子舒服,小學附近的兩房,也比其他區域的兩房要快脫手。

醫院附近有特定喜好的對象

醫院附近,賣給什麼樣的人最好?

一般人的想法覺得,醫院是生死門,很多人不喜歡。不過,有些老人家喜歡住在醫院附近,覺得就醫方便。

但因為考量救護車太吵,所以距離醫院走路五分鐘附近的房子,就會比較適合,老人家看醫生很方便,又不會離醫院過近。

交通影響價格

同一排的房子，離公車站牌愈近，愈有加分效果。尤其是家中不開車、不騎車的人，等於在門口等公車就好了，便利性大大提高。

我買的房子都是以交通方便為主，比如離火車站近、離交流道近等。

如果你買的房了在台北市，那麼，從交通動線這個原則來看，台北捷運附近，的確是方便的點。至於其他地區的捷運（高雄、台中、桃園），則要看當地民眾的交通習慣。

如果當地路大又好停車，大家早就習慣開車、騎車，那麼捷運附近很可能只是「炒一炒」而已。以還未通車的「桃園捷運」為例，不妨問問住中壢的朋友：「從市中心到環北路，你會想搭捷運嗎？」

小地方的文化跟台北市不同，跟著捷運走的文化，離開人口密集的台北，只怕沒那麼吃香。高雄就是一例，其他地方，也請特別留意。

嫌惡設施，跟你想的不一樣！

請看看下面這則廣告：
○○屋，旁邊就是「學校」、「市場」，上學、買菜超方便！

學校和市場，一個是給小孩用的，一個是給大人用的，建物如果距離這兩個地方很近，到底好還是不好？

大部分人都覺得好的，不見得就好喔！

我曾經買過一間房子，對面就是操場。

「您看，這個房子的對面就是操場，視線完全不被阻擋，也不必擔心日後會有其他大樓。」這天，我帶著客戶望向綠油油的操場，介紹了優點後，客戶也十分滿意。

突然間。

咚～咚～咚～咚～下課鐘響，一群學生如同迅猛龍般，從各個教室跑出來，一下子的時間，操場上已經滿是學生；打籃球的、打棒球的、跑來叫去的……

「這些小學生，還真有活力！」客戶笑著說。

想當然爾，客戶已經被小學生的活力給嚇跑了。

有了這次的經驗，日後帶看這間房子時，我儘量與客戶約在放學後、晚上，或假日。房子順利脫手後，我再也不買學校旁的房子，而是選擇**離學校五分鐘距離**的物件

走路五分鐘不會很遠，間接避免現代父母最怕的「小孩子被綁架」，又不會被學生打球、跑叫給吵到，遠比買在學校旁，更容易脫手。

再以**公園**來說，離小公園近的房子，不會被扣分，但是離大公園太近，白天人多嘈雜，晚上跳舞社團放的音樂形成噪音。當人們回家後，安靜的大公園，則很容易成為治安死角。

很多時候，你以為是好東西，一買下去，不好意思，你就ㄅㄧㄠˊ（黏）住了，所以，一定要做好功課再下手。

除了上述的考量外，下面這些地方，也請多留意。這些，都是買屋者不下手的「嫌惡原因」。

市場：市場給人的感覺是髒亂臭髒，不免有老鼠、蟑螂跑來跑去，且市場中如有經營餐飲，也需要開火，安全是一個考量，治安也是另一個考量。

消防隊：住在消防隊附近，每天聽到救火隊出動，讓人緊張又吵。

警察局：警察局給人的感覺是治安比較好，但是各分局屋頂都有廣播器，每次使用空襲警報時，就會非常的吵。

私人神壇：私人神壇內蠟燭、鞭炮多，通常是附近的住戶才知道，平常如果不仔細看，是不容易發現的，更要張大眼睛注意。

瓦斯行、加油站，也是讓一般民眾考慮再三的點。

其他嫌惡設施如「生命禮儀」之類，也頗不受歡迎。

社區好壞，這樣看出來！

當你選定一個區域，也畫了地圖，選好商圈後，接下來就要選社區了。

不同的社區，有不同的氣質，同樣是三十年的公寓，你會發現這一個社區的房子看起來頂多二十年，那一個社區卻像四十年。

一個社區的好壞，是由住戶們長期經營出來的，在完全不了解社區住戶的特質時，我們可以從「大售板」、「外牆」、「地下室」、「樓梯電梯」、「頂樓」來判斷社區好壞。

大售板多，陷阱也多！

當你走進一個社區（區域），看到這個社區到處都貼著「售」字時，就不用再往下看了。好的社區，絕對不會讓人貼大售版，反而會將管理做的很嚴謹。

大售板多，表示很多人在賣，一旦你買入不久就想賣出時，就要跟很多人一起競爭。當你賣500萬，別人賣490

萬；你改成490萬，別人又變成485萬……，什麼時候才賣
的掉？

注意！一旦很多人在賣某個社區時，買方的選擇也變
多，當中的陷阱也多。

我的一位朋友，在猶豫要不要以400萬買某戶新房子
時，從「實價登錄」上得知有人剛以500萬賣出一戶。朋
友心想：「連500萬都賣得掉，我只要450萬，一定賣得
掉。」

殊不知，這戶500萬的房子，是百萬裝潢的新屋。扣除
一百萬及屋主想賺的錢後，房子本身還不到400萬。這麼
一來，我這位朋友，反而買貴了！

諸如此類，很多陷阱是看不到的，所以，當你看到「大
售」很多的社區時，

除非你十分有把握，不然就放棄吧！

外牆，可看出建物的品質。

社區的好壞，對於房價的影響，有時會高達一成到兩
成。有些買方，甚至寧願多花一些錢，也要指名管理品質
好的社區。

要如何一眼看出社區的品質呢？

磁磚，check！

很簡單，先從社區外觀檢視，看看大樓外牆有沒有洗。

好的大樓外牆絕對會定期清洗，好的大樓外牆磁磚的顏色也很好。舉例來說，O泰建設在蓋房子的時候，他們會拿出3％的磁磚放在屋頂來曬。為什麼要做這個動作？

磁磚，難免會因為風吹雨淋而出現裂痕，當10年後，大樓有一塊磚裂了，再將這些曬過的磁磚拿來補，顏色將會跟原本的一模一樣。因此，如果你看到一棟大樓的外牆，有一個磁磚顏色不一樣，代表這塊磁磚是掉下來後再補上去。

此時，就要考慮三件事：一、施工品質可能比較差；二、建商在蓋房子之初，就沒有想到這件事；三、社區的管理可能不是很好，萬一將來還有別的磁磚脫落、打到路人，社區是要賠償的。

裂痕，check！

外牆，可以感覺到社區的好壞，可以看出建商的品質。

除了磁磚外，還要注意看各戶的外牆有沒有龜裂的痕跡。

如果有龜裂，那麼，房子一定漏水，而且絕對不會只有一戶。假如社區有A、B、C、D棟，請務必全部都走一遍，仔細看看外牆有沒有問題，就知道房子容不容易漏水。

　　建商的品質是一定的，營造廠是同一家在做，工人是同一批，原料買同一批。如果A棟有裂痕，B棟難道不會嗎？哪怕現在不裂，說不定地震就裂了！現在沒漏水的房子，過兩個月，震出一條痕，就漏水了！

　　這些，都是風險。

　　除了從外牆來衡量建商的品質及社區的品質外，下面還有一些方式，讓你成為社區通。

地下停車場，也可看出建商品質。

　　如果從外牆看不出建商好壞，請去看看地下室。從地下停車場，絕對看得到建商的品質。

　　停車場是鋪PU的？或柏油？或只有水泥？出入口做得漂不漂亮？地面上PU如果掉了會補嗎？或是這邊一塊、那邊一塊的？

　　此外，從車道和管線，也能看出建商的良心。

車道，check！

　　高雄有一棟大樓，常常吸引旅客入住，也可說是高雄的地標之一。

　　但，你去過該大樓的停車場嗎？

　　好的建商，會將停車場蓋的很舒適，上下車道都不會太

窄，讓開車的人開起來很輕鬆；相反的，如果停車場的車道很窄，又要轉很多層，當大家都在差不多時間上下班時，因為車子的出入，就會浪費很多時間。

管線，check！

停車場B1的天花板上面，都會有很多的管線。一旦管線未處理好，就會滴水到地上，這一點，只需肉眼，就能從地上的水痕看得出來。

由大見小，**建商如果連外露的管線都做不好，裡面的管線也可能會做不好**，那麼，其他的地方會好嗎？

巡樓，可看出住戶的品質。

巡完社區後，接下來要來巡樓，看看社區的環境。

樓梯間，check！

樓梯間與住戶品質有很大的關係，也與管理有關。

所以，當你看上某一層房子的時候，不妨從這棟的最高樓層往下走（如果樓層數很高，至少走上、下四層），我們可以從樓梯間看出住戶品質的好壞。

有時，當你在安靜的樓梯間走動時，還會聽到狗吠；這

一點也會扣分。

有些狗很神經質，只要有人站在門外，就會一直叫。試想，當下一個買方去看房子的時候，剛好又聽到狗一直叫時，買方會做何感想？如果買方當中有老人家，可不可以接受？

走廊，check！

注意，走廊間是不是明亮？有沒有堆放雜物？這些，不但關係到火災逃生，也與住戶品質有關。

在買屋時，如果產品的房價不一樣，當然可以考慮便宜的案件。可是，當房價一樣的時候，社區品質絕對就是一個關鍵。

甲和乙，在某一年買入的房子，一坪都是20萬，過了5年之後，甲的房子剩下18萬，乙的房子卻變成21萬=.

同個區塊、同年房子，為什麼房價會有差？

原因就是在住戶素質差很多。

這會產生所謂的「劣幣驅逐良幣」現象，當社區中有一、兩戶品質很差的人住在裡面時，品質好的人就會搬走，然後搬進更多品質很差的人，到最後品質好的人愈來愈少、品質差的愈來愈多。

*NOTE*月風買房／賣房筆記

除了巡樓外，坐電梯時，也要觀察。

很多大廈，會在電梯內公告社區資訊。其中一項就是「**欠繳 管理費**」。

如果，你發現社區中，欠繳管理費的人很多，拜託，這樣的 房子千萬不要買，買了後房子一定一直跌。

屋內探看要徹底

看完了社區外部環境後，接下來就要看屋子內部了。房屋本體可以檢視的地方非常多，這些部分可以讓你更確認房子的風險程度，也都是可以「砍價」的「眉角」，真的要看個仔細、看個徹底，一點兒都不能隨便！

格局方正，買方多！

有些房子，一進到屋內，會覺得頭暈暈的。並非房子有人作法，而是格局的問題。

我本身是基督教徒，並不迷信，但是，從賣屋的經驗中，我發現格局的方正，真的很重要。

如果從風水的角度來看，風水上，房子分為金、木、水、火、土五行，我買的房子，都以「金形屋」為主——即，**屋內四個角正正方方的房子（不包含陽臺）**。在賣屋時，如果遇到買方是幫家人買房子、挑房子時，我會告訴對方，這個戶子的風水很好。

正正方方的房子格局，大家都喜歡，買方也比較多；如

果買到奇怪的格局，就算再怎麼便宜，買方也會很稀有，
賣出的時間也會變長，不符合「周轉」的原則。

*Secret*祕～讓長方形屋立刻增值的方式

我在選擇房子時，會以「這樣的房子，買方最多」的原則來思
考，只買金錢屋，至於長方型屋，基本上我都不考慮。

如果你已經買了長方型屋，怎麼辦才好？在這邊，教你一個方
式，可以讓賣相不好的長方形屋立刻增值。

長方型的房子（有電梯的房子），門的設計都是靠中間。此時，
只要在中間處，以牆隔起來，就相當於隔成兩間房子。也就是原
本是一間 4 房的長方形屋，只需一道牆，立刻變成兩間兩房的正
方形屋子。一道牆的大約一萬多元，卻能換到兩戶採光好的金錢
屋，讓房子馬上就增值，比暗暗的長方形屋，要更得人心。

不過，我還是要再次聲明，將長方形屋改成兩戶，是不得已的方
式，平常，我只買正方形的房子，因為正方形的房子是最主流的
房子，最主流的房子才能吸引最多人，才是好格局。

對外窗超重要！

　　大家都知道採光好能量好，所以，當你進入一間房子時，請看看每一個房間，是否都有對外窗。

　　曾經有位朋友看中一個社區，這個社區有兩戶在出售，且價格一樣。我要朋友形容兩戶房子的不同，他說：「格間都一樣，不過，但A戶的三個房間，都有對外窗，B戶則只有2個，另一個房間只留了冷氣孔。」

　　「那你不必考慮B戶了。」我說。

　　「還是我去砍價，自己做對外窗？」朋友問。

　　「根據我的經驗，就算做了對外窗，你也不會開心的，外面的景觀肯定很差。」我告訴朋友。

　　對我而言，**沒有對外窗的房間就不值錢**，所以，即使可以拿「沒有對外窗」來殺價，相對的，將來也不好賣出，不如不要買。

窗戶、牆壁抓出滲漏水。

　　屋內牆壁，最怕漏水。

　　下過雨之後，是看房子的最好時機。但，千萬不要在下雨的當下看，而是**下雨後兩、三天再看屋**。

　　一般來說，下雨的那段時間，牆壁通常不會漏水，除非

已經漏得很誇張，一眼就看出來。至於不是很嚴重的壁癌或是滲水，下雨當天是看不出來的，一定要下完雨的晚上或是第二天、第三天，才可能看得到水漬。

　　會發生滲漏水的地方只有兩個，一個是窗戶，一個是牆。

窗戶滲漏水，check！

　　漏水這件事，跟窗戶很有關係！

　　我曾經做過工程，也從中學到從窗台判斷滲漏水的方法。方法很簡單，只要拿鑰匙敲窗台即可！

　　敲下去的聲音，如果是「兜！兜！兜！」，代表建商當初在施工時，做的很紮實，房子就比較不會漏水，隔音效果也比較好。敲下去的聲音，如果是「康！康！康！」，代表是空心的，一遇到大一點兒的地震，之後又下雨，水就很容易從窗戶旁邊流進來。

牆壁滲漏水，check！

　　牆壁的檢查，可以從外牆和內牆來看。

　　當你看到窗戶時，請將窗戶打開，將頭伸出外面看看，外牆有沒有縫隙。只要有裂縫，就會進水，除非「打針」才能一勞永逸（打針的花費就非常高了）。

　　再來，可以摸一摸內牆的濕度。

有些房子，用看的可能沒有問題，下完雨之後摸內牆，會發現某些地方的牆，就是特別濕濕冷冷的，表示這個房子的某一處可能有問題。一旦你感覺房子好像有濕冷感，要更仔細檢查牆壁，從天花板到牆角，都要檢查，看看什麼地方會出現漏水。

小心狠招：三夾板！

有些投資客，在遇到滲漏水時，完全不修，而是先鋪油布，再拿三夾板釘在滲漏處，在三夾板上，再用油漆美化！

從肉眼來看，完全看不出來，所以，我去看房子的時候，不但會摸牆壁，還會**敲牆壁**，識破這個三夾板的黑心招術。

有一次，我幫朋友看一棟透天厝，一走進去，牆壁真的做得很漂亮，還打上美美的燈，整個氣氛完全做足，難怪朋友會喜歡。

「這房子怎麼樣？」朋友期待的問。

「這個房子的廚房是不是漏水？」我問賣方。

「你怎麼知道？」

「因為全間都用木板隔住，沒事幹嘛用木板，所以我猜

是漏水！」說完，我拉著朋友走到外面看，果然，外牆整個爛掉。

　　所有的外牆，不管是PU也好，防水漆也好，久而久之都會漏水。相較之外，外牆如是貼磁磚，會比PU和防水漆來得好。

　　很多中古透天厝，幾乎都有漏水。這是因為中古透天厝的外牆，通常是水泥，吸水吸了幾十年之後，當然會出現問題，這個時候，除非外牆整個重做，否則是很難杜絕的。

NOTE 月風買房 / 賣房筆記

看房子時，只要看到欲蓋彌彰的事，一定有問題。尤其是房地產，沒有天上沒有掉下來的禮物，屋主想的只是如何賺錢，所以，**只要有人特別去裝潢，很可能是為了掩飾房子本身的缺點。**

浴廁磁磚，透露玄機！

前面提到了看外牆的磁磚裂痕，其實不只是外牆，屋內浴廁的磁磚，也透露出屋子好壞的玄機。

仔細看，浴廁牆壁的磁磚縫隙，和地板的**磁磚縫隙，有沒有剛好連接？**
這一點很重要喔，因為它關係到排水問題。

洗澡時，牆壁上也會有水，當水留下來時，假如線沒有對到，就會積水，產生濕氣，如果浴廁旁邊剛好是房間，那麼濕氣跑到房內，一定會影響到身體。
如果牆壁磁磚的線，與地板磚的線有對到，水就可以從這些線，留到出水孔，浴廁的排水就會好，房子就比較不易潮濕。

鮮少有人買屋，會看到浴廁**磁磚是否有線對線，內行人就知道，從這邊可以看到施工的良莠，無形中透露出建商對品質的要求。**

NOTE 月鳳買房 / 賣房筆記

曾經，一位朋友請我去幫她看預售屋。

「你看的這個建案，旁邊有華廈，一～五樓位置太低，採光被遮住，加上棟距又近，信不信，當妳把陽台打開的時候，還會看到對面有個人在廚房做飯，一清二楚。」我一看，立刻將未來的情況描繪給朋友知道。

「對吼，我怎麼沒想到？」

其實，這也是我過去的經驗。

一間房子，就算格局好、採光好，一旦棟距近，是會讓買方打退堂鼓。

尤其如果在吃飯時間看屋，窗戶一開就看到對方煮菜，你看我、我看你，感覺實在很奇怪，排油煙機又將油煙吹過來，衣服也都是油煙的味道，非常扣分。

預售屋這樣買最划價

「**預**售屋好在可以先選，但是也很難想像蓋起來會怎麼樣？」

「萬一買到的樓層、座向、景觀不好怎麼辦？」

「如果買了之後，房價反而跌，不是很虧？」

關於預售屋，人們總是又愛又猶豫，不曉得該如何才手？

別擔心，接下來，我將告訴大家，買預售屋要注意的事項，還教你如何買預售屋最划算！

A級地段，一圍就買！

一塊工地在圍起來的時候（指準備要蓋裝潢屋、售屋中心時），是最便宜的！

此時，請立刻打聽建商聯絡方式。

建商一開始為了試水溫，不敢賣太貴，如果賣得不錯，就會開始將價格慢慢往上推，等到快完工的時候，價格通

常最高，因為建商會在這個時候撐價格。

　　從蓋完到賣完，中間還需要一段時間，此時，會出現兩種情形：好賣與不好賣。

好賣，指的是未完工就賣完！

　　如果你在一開始圍起來的時候就買，而建案又是未完工就賣完，那麼完全不必擔心，因為你買的價格要比別人低，到時候賣出，當然也比別人快賣掉。

　　中壢SOGO百貨旁的海華特區，是現今南桃園極夯的地段。在初期開發，二樓的鷹架才剛搭進去，我立刻向建設公司說要買房子。這批建案大概500戶，預計蓋二十多樓，我去的時候超傻眼，竟然～只剩兩戶，這兩戶被我買完後，代銷公司也立刻撤掉了！

　　記得我買的時候，是每坪15、16萬，等到完工後，成交價竟然高達28萬，甚至有人開價32萬，真的，只能用「削爆了」來形容！

不管是成屋或預售屋，一定要選Ａ級地段。

　　再來談談，萬一不好賣呢？

　　首先，別忘了，我買任何房子，都要買在地點好的地方。

有一家建設公司買了Ｃ級地段的土地，想要大做一筆，這個地段不但是郊區，又是純住宅區，沒有熱門商圈，結果變成蓋一間、跌一間。

只要買的是Ａ級商圈，當建商發現不好賣時，還是會繼續撐！DM繼續發，做出更多的廣告、更多的宣傳。

通常，大建商在買地時，不會只做一塊，而是一批一批蓋。

如果第一批建案你沒趕上，那麼也別扼腕，只要留意何時準備要蓋第二批，並在一開始時就買入，那麼還是有發預售屋財的機會。

通常，我會這樣告訴建商（或售屋小姐）：「我留電話給你，開始賣的時候，要第一時間打給我，我會多買幾間替你衝業績。」

在此時你買屋，成本很低，因為從起步到完工，大概需要２年的時間，又有八成的貸款，而在這２年的期間，因為建商會撐住房價，跌的機會相當低，獲利大有可為。

NOTE 月風買房 / 賣房筆記

如果，你看到的第一期預售屋已經賣得差不多，沒關係，請多去幾次售屋現場。

為什麼要多去幾次？

每一次招待的小姐可能不同，多去幾次，留電話給對方，告訴售屋小姐：「只要第二期一開賣，馬上通知我！我會多買幾戶！」就好了。

因為你已經透露了買多戶的訊息，到時售屋小姐真的會打來。

此時，可以跟建商談：「這個房子500萬，我要一次買5間，每間先付10%～15%頭期款，剩下交屋再給！」

如此，等於是花250～375萬買了5間卡位，只要合約一拿到，馬上放在仲介公司賣，就很容易就賣出價差。

如此操作只要數量夠多，價格通常還有空間，利潤頗高喔！

預售屋，樓層怎麼挑？

當你已經確認好想買的地段後，接下來就要進入買屋程序了。

預售屋不像成屋，可以實際看到蓋好後的模樣，那麼，到底要如何挑樓層呢？

大家都知道，好的樓層貴，不好的樓層當然就便宜。大家都怕「樓層附近被擋到」，覺得選高一點兒的樓層，比較保險。以大樓來說，愈高的樓層愈貴，但並不是愈高樓層，就一定愈好。

挑選的「撇步」除了靠經驗外，還有些「眉角」。

建案臨路不臨路，有玄機！

政府有規定，愈臨路的房子，可以蓋得愈高。

懂得這一條，選預售屋時，就是一個非常好的參考。

比如，建商買了一大塊地，這塊地有一部分是面臨馬路，預計會蓋三期，第一期是蓋在離馬路最遠的區域，此時，你該怎麼選？

前面提到，房子愈臨路可以蓋愈高，愈裡面愈低。

如果你買的是最裡面的一期，那麼不久後，就會被二

期、三期給擋住。此時，就算買16樓、18樓也沒有用，因為，後兩期一定比你高，鐵定要被擋住。

與其這樣，就不要花這麼多錢去買高樓層，反而要買低樓層，因為橫豎鐵定要被擋，高樓層一坪貴2萬，到時候採光不好，跟低樓層也一樣。

有時，低樓層反而因為中庭有種樹，還能看到一些綠意呢！

總樓層高時，避免買8~10樓。

喜歡買高樓層的人，也要留意。高樓層有一個問題：只要是樓層高於十五樓，在九樓或十樓處，都會設置一個中繼水箱，久了以後，容易造成漏水，地震時也較容易有危險。所以，如果大廈的總樓層很高，我不會買八樓～十樓。

防火設備，是一筆裝潢費。

在選擇樓層的時候，九樓以上，我也比較少選。

原因在於，九樓以上的房子，都會做灑水設備，一支一支的超醜，一定得裝潢，不然下一個買家一定看了就皺眉頭。

旁邊透天多時，不要買五、六樓。

一般來說，透天厝都蓋四層樓左右，頂樓就是放水塔的位置（相當於五樓）。

如果，你看上的建案旁邊都是透天厝，那麼請不要選五、六樓的位置，不然窗戶一打開，就會看到「整排衛兵站在旁邊」，很難看。尤其是一整批透天厝的話，水塔就有三、四十個，想想，三十個鐵甲武士對著你，畫面可恐怖的呢！

在看房子的時候，要注意窗戶外面會看到什麼東西？
更重要的是，要留意附近的工地，未來是否會施工？
或正在施工？

有些人不是短期內做買賣，而是放個3年、5年、10年，或是自己住一陣子才賣，現在不會被擋到，未來可不一定，如果你剛好是住個10年才賣，賣的時候房子已經被擋住，那麼肯定不會太好脫手。

所以，為什麼我一直強調：買屋時，就要想想「下一個買方」的需求，就是這個道理。

*NOTE*月鳳買房／賣房筆記

如果，建案是在重畫區，目前只有你看中的那一棟在施工，買三樓當OK！

前提是，雖然旁邊蓋起來後，三樓會擋到，但只要在還沒完工之前就賣掉就無妨。

如果建案已經蓋好，且是蓋在都市叢林裡，買二樓、三樓、四樓，鐵定被擋住，採光就很差，只要採光不好，無論室內設計得多麼的溫馨、夢幻，都很難營造出來，此時，就算二～四樓便宜，我也不會買。

完工後，與建商這樣議價。

一般來說，中古屋的行情大約是新成屋的70％到80％，我們可以從中古屋行情，來推價新成屋的行情。

比如，中古屋一坪80萬，新成屋可能開100萬，如果中古屋每坪50萬，建商卻開每坪100萬，就太過分了，因為**中古屋的價格是市場決定的，新成屋的價格建商自己喊的**，所以當然是看中古屋為準，除非建商特別搶手，就另當別論。

有時候，當你發現新成屋的價格很不合理時，可能是因為代銷灌上去的（代銷也要賺一筆）。

此時，別急著買，不妨記住是哪一家建商，將電話抄起來。有朝一日，當代銷撤走後，就可以直接與建商議價了。方法很簡單，只需要問建商：「還有餘屋嗎？有沒有要賣？」即可。

如果建商本身還有一些餘屋，此刻就很好議價，因為建商只想趕快將房子賣掉，不希望有庫存。

如果你可以一次將餘屋吃下來，價格還會更好談。

有一次，一個建案共500戶，賣到剩15間時，我主動與建設公司談，原本開價是14萬（估計底價約12萬），最後以9萬買進。

整整省了25％！！！！！

別小看25％，即使是25萬，一般人也要存很久。

而我，就從一分一毫，從每個地方，不管是股票也好，房子也好，都累積交易優勢，比如，告訴對方「再打點折就買」，或是「每坪再降一些就買」，這種小小的優勢點滴累積起來，日後就會成為很大的交易優勢。

當累積到足夠的交易優勢，你就贏了。

附帶一提。這個方式，只適用於小建商，大建商因為組織細密，就很難這樣談。

完工後，房子直接交給建商賣。

當預售的房子完工後，建商還是可能沒有賣完，此時，你也可以乾脆請建商幫你賣房子！

你一定以為，建商才不會答應呢，因為這麼一來，建商要賣的房子，不就更多了嗎？

不一定喔！

有一次，我向建商買了三戶房子，這批建案共500戶，有A、B、C棟，最後賣到剩50戶，其中，又以A棟採光最好。

「我這邊有3戶A棟，請順便幫我賣！」我告訴建商。

　　由於Ａ棟採光最好，建商的Ａ棟又賣完了，心想，如果客人要Ａ棟，就可以拿我買的那３戶介紹給客戶，也不錯！

　　這麼一來，建商賺到錢，我也賺到錢，客戶買到想買的房子，大家都很開心。

NOTE 月風買房／賣房筆記

除非選錯地點，從開工到完工，房子一定賣得掉。

在預售屋過程中，根本就不用貸款，因為他還是一個合約，他還沒成交，成交之後才要辦貸款，所以成交前的利息都不用繳，每個月貸款也不用繳，你只要繳頭期款而已。

還有一點很重要：**千萬不要選到扣除貸款額度後，還須分期攤還本金的預售屋。**

分期攤還本金的預售屋，貸款太低，貸款低的產品就很難轉手，所以，一定要選新成屋類型的產品，將貸款額度儘量提高，就可以保值。

一般人買新成屋，大概可以貸到八成五左右（新建案＋首購），當你買屋的貸款額度高，就很容易賣出。

剩下幾間，找仲介也能買到便宜屋！

　　過去，我在買屋時，多半是直接找屋主買，較能賺到價差。不過有時候，我也會找仲介買房。

　　你是否發現，很多仲介都在賣同一個社區？或是仲介會銷售同一個社區中的多戶房子？

　　這些房子，多半是投資客請仲介賣的，但也很能是建商委託給仲介。

　　所以，如果我在預售時沒搶到房子，且發現該建案很有「錢」途，在房子快完工時，我就會告訴仲介：「幫我告訴建商，如果不超過一億，我想要全吃。」

　　這個時候，仲介就會幫忙聯絡建商，一旦和建商見了面，價格是很好殺的，因為，建商只想要趕快結案，有人願意一次買幾戶，對建商來說等於早早解脫。

　　當然，有些仲介是不認識建商的，所以，平日就要與資深的仲介多聯絡，才知道哪一位仲介的人脈廣。同時，也不必擔心仲介會跟你搶案子。

　　原因一，仲介吃不下來。

　　原因二，仲介普遍都覺得新成屋很貴。

　　原因三，仲介還是賺到仲介費。

在房產投資的路上，仲介們，都是我的好朋友。

如果你想要經營房地產，一定要與仲介們搞好關係。

在第五章中，我將會告訴大家如何了解仲介，讓仲介樂於協助你。

Secret 祕～識破裝潢屋的祕密！

一旦建案蓋好，房子尚未完全銷售完畢，許多建商會挑選其中幾戶做裝潢，為客人帶看。

無論你想怎麼挑，請記得：建商拿來做裝潢屋的那間，一定是條件不好的，比如採光最不好、隔局最差或其他缺點，才會拿來做裝潢屋。

裝潢屋，是建商拿來做犧牲打的，所謂的犧牲，不是犧牲建商，而是犧牲住家品質。所以，進到裝潢屋後，千萬別被美美的設計給蒙蔽，看到掛著窗簾的地方時，就要思考：這邊是不是景觀不好？

一般最常被做為裝潢屋的，除了採光、景觀問題外，通常會在下面情況：

沒有面中庭

樓層最差

風水最不好

裝潢屋的價格較便宜，又送裝潢，當然還是拋得掉，如果是我，我寧願買空屋，也不買裝潢屋，因為我重視採光、景觀，以及格局，因為，這些都關係到我賣出房子的速度。

第三章
懂鑑價、會殺價、買低價，絕招大公開！

找到好地段，也要買到好價格，才能賺價差。

對於買賣房子，我的想法是：
低價買，合理價賣。

當你的底價就是比別人低，
才有機會賣得比別人快！

不貪心，只要有一成～兩成的利潤，我就會脫手，
讓資金盡快到手後，再做更多資本利得的投資。

說如何評估房價？怎麼殺價？
又用哪些方式買到低價？

記得，只要你買入的價格低，
賣出的機會就更快賺得更多！

多少錢才合理？出價方法不留招！

買屋的人，都有一個疑問：這個房子，到底多少錢買才合理？

不懂行情沒關係，只要懂出價方法，一樣沒問題！最容易使用的出價方法有四招，分別從不同的線索來觀察。學會這四招，出價不再是煩惱！

出價第 1 招：從四大房仲了解區域行情

買房子，總要先了解區域行情。

區域行情怎麼看？

除了實價登錄可以找到一些蛛絲馬跡外，還可以從四大房仲的開價來看。四大房仲指的是信義、永慶、住商、東森、太平洋等，由於每一個區域的房仲公司不一定相同，請看看你想買的區域，哪幾間房仲公司最多，就以這些房仲的開價來計算。

一般來說，可以從四大房仲平均賣價，再乘以0.8，可

推出大約底價。例如：文山區的平均賣價是每坪30萬，乘上0.8，為24萬，這就是該區域行情的底價。

另外，有一家被投資客們說是「路衝房屋」（因為商標很像路衝的感覺），有一個祕而不宣的潛則是「出價85％，視同成交」，因為該仲介的開價總是高於市場行情。

建議讀者們出價時可從八折以下或七折開始出，不然你會發現：「咦？怎麼這麼容易就買到了！」

當你推估出大約底價後，再從房子的優缺點來評估，好的社區再加一些，不好的社區再減一些，就可以找出一個合理的行情範圍。

出價第2招：從銀行估價著手

當你對行情不懂的時候，首先，請把想買的**房子的謄本**調出來（房仲通常會有謄本，不然也可以到戶政市務所申請。只要有自然人憑證，也可以在三大超商進行「地政電子謄本下載列印」。），然後到銀行放款部門，了解此房子貸款可以貸多少？

銀行養了一票**鑑價師**，鑑價時，通常只會鑑高不會鑑低。除非是某個區域狂漲或漲勢太快（比如台中七期，中壢海華特區），銀行的鑑價會跟不上。除此之外，銀行的

鑑價一定是高於市價。

比如，市價是800萬或是900萬，銀行通常會鑑到1000萬，然後給七成的貸款，所以，房子可拿到的貸款是700萬。倒推來算，銀行的貸款，大概是市價的八成。

當推估出市價後，出價時請記得要再打八折～九折當你的底價。

為了找到最符合的價格，也請多問幾家銀行，並以價格較硬的如國泰、富邦（或是華南、第一銀等）等來當參考，這幾家銀行較不會超貸，參考值也會較準確。

出價第3招：從謄本算出底價

「這個房子，我出700萬！」一個雨天的午後，我告訴仲介。

「屋主是想賣一千萬！」仲介說。

「其實，他的底價是六百萬，我還多出了一百萬！」我篤定的告訴仲介。

為什麼我能這麼確定算出屋主的底價？答案就藏在謄本中。

這個房子是民國94年買入，當時，銀行設定為1200萬，但屋主只借了1000萬。將1000萬除以20年的繳房貸年分，等於一年要還掉50萬。現在是民國102年，相當於還了八

年，也就是還掉400萬，還欠銀行600萬。也就是說，屋主只要拿到600萬，就打平了，不欠銀行錢。

　　我在仲介面前將數字一一算給仲介聽之後，又問仲介一句話：「屋主現在貸款600萬，他想要拿多少錢走？」通常，除非仲介與屋主超熟，否則是很難知道屋主的真正需求。「我猜他急需100，所以我出700，而且可以立刻就簽！就看屋主想不想早早拿錢去抵。」

　　過去有機會全額貸款，當我以七百萬簽約後，銀行會貸我七百萬，我再運用「借屋裝修」（見第5章），在交屋時又將房屋賣出，相當於只需付訂金（斡旋金）即可。

　　當行情炒得比較高時，銀行貸款大約是七成，算法就比較複雜。

　　以上述的物件為例，我會想，目前，銀行的最高貸款可到800，所以我最高出價到800就停止，才不會害了自己。

　　作為買方，只要拿出訂金，其他的錢讓銀行幫忙，是最佳狀態。

　　但並不是每一間房子，都可以買到賺到。買屋，跟買股票一樣，一千多支股票，不能可每一支都漲！所以，我只想買到會漲的那一間。

　　從屋主的貸款剩多少？有沒有要急售？

如果要急售，那麼，就從貸款底價往上加，看看屋主到底想拿多少錢走？如果可以接受，就簽約，這是最賺的方法！

出價第4招：從新建案還原價格

新建案的價格，與中古屋價有一定的關聯。

對於房屋買賣有興趣的朋友們，請務必要養成好習慣：只要看到新建案，就要走進去，套出新建案的底價。

我有朋友會以「即將結婚，所以來看房子」、「父母要出錢，但前提是我要喜歡」等為說詞，要售屋小姐「給一個真實的價格」。

此時，售屋小姐會報出一個價格。

通常，售屋中心再次報價的9成～9成5，就是新建案的底價。比如，一坪10萬，這個階段的底價是9萬或9.5萬元。

得知價格後，請將它詳細的記錄在本子中，本子上要清楚的寫著建案名稱，地址、報價、樓層、坪數。

多年後，當你發現此建案有屋主要出售時，就可以拿出記錄本，對照出當年售屋中心的價格，當成出價的依據。

此外，也可以請問當地的住戶，當年房子的買價，也可以作為出價的資訊。

行家先看謄本，後看房子。

「月風，我手上有兩間不錯的房子，你要不要看看？」103年的某天，電話響起，是一位菜鳥仲介打來的。

「你那邊有謄本嗎？我先看看謄本再說！」

與房屋仲介交手時，行家不是先看房子，而是先看謄本。

「咦？這明明就投資客的房子，你還拿出來跟我講？」我一看，立刻回仲介。

謄本，就是房屋的履歷表，很多事情，都可以從謄本上看到。

謄本調出來後，有兩個項目務必要睜大眼睛看，分別是登記日期和債權。

登記日期，check！

在謄本的（前次移轉）中，可以看到登記日期，從登記的日期，就可以看出現任屋主是自住或投資客？

一般而言，自住者通常住超過三、四年，如果房子的登記日期離現今只有一、兩年，那麼，八、九不離十，都是投資客買來轉手的。

投資客的房子，就不必看了，畢竟人家已經是為了投資賣屋，價格早就墊高了，根本不必考慮。

債權相關，check！

在謄本的（建物他項權利部分）中，可以看到很多關於債權方面的事情，這是一個十分重要的指標。

注意，正常的情況下，在這個地方會寫某某銀行及金額，表示屋主是向該銀行借貸。

如果你發現，這個地方（債權相關）出現了人名，或是銀行下面還有人名，那麼情況就有些複雜，最好不要介入。

頂樓、2樓，要打折！

不喜歡四樓這個數字，不喜歡**頂樓怕太熱又漏水**，覺得**二樓有太多管線，也會引起地板滲水**……（豪宅例外）。

買頂樓，是豪宅的觀念，不能帶到一般住家。

一般住家的頂樓（不管是公寓或大廈），其實很少不漏水的，就算沒漏水也會有壁癌，要付出更多的修繕費。

而二樓的部分，由於電梯大樓的管線常常集中在二樓，容易造成滲水問題。

所以，頂樓或二樓，盡量不要買，如果真的要買，價格一定要比其樓層再打個八折，才不會吃虧。

*Secret*祕〜會比價，才不吃虧！

鑑價，只是一個初步的估算，並不代表每一戶都是這個價格。

即使是同一個社區，也會因為樓層的不同，有不一樣的價格，

但一般人在買中古屋時，卻往往忘了這一點。

樓層不同，價不一！

某天吃飯時，朋友 S 小姐提到，她家附近有一個剛蓋好的新成屋，整體條件看來都不錯，有意購買。

聽到有人要買房子，我的眼睛就亮了，專心聽 S 小姐說房事。

「我怕高，所以覺得三樓最適合。」

「那價格呢？」同行的 T 先生問。

「價格就一坪25萬啊，聽說比我早幾天簽約的客戶，也是買這個價格。」S 小姐說。

「早幾天簽約的客戶，是買哪一層樓？」我問。

「有一戶是八樓，另一戶是九樓，都是一坪25萬。」

「這個價格太高了！」我做出結論。

在上一章，我提到預售屋的價格不同，新成屋價格也有差，三樓、九樓、八樓，價格當然不一樣，或許每坪再打個八折差不多！

NOTE 月鳳買房／賣房筆記

看多了、聽多了房地產的故事後，我覺得「一個台灣、兩個世界」是真的，除了台北市房價超硬外，其他地區的房價都很容易因房地產賺到資本利得（新竹因為人口與資金不斷變少不建議投資），所以，與其到台北投資，我還是選擇台北以外的地方。

懂得「心理『賤』價」，低價買得到！

在房地產中，有兩種價格，一是銀行鑑價，一是心理「賤」價。

銀行鑑價空間不大，心理「賤」價則是買房殺價的終極目標。

不想處理，就出現價差！

C先生和C太太住在甲社區已經二十年，甲社區管理不錯，鄰居之間也常有往來，在當地還頗受歡迎。這天，C先生夫妻決定賣屋，仲介立刻告訴A先生。

「是甲社區的第一棟嗎？」A先生想起，一年前，他剛好幫住在甲社區第一棟的朋友處理過漏水問題。

由於A先生長期經營房地產事業，他了解同一棟極可能會出現同樣的困擾，如果C先生夫妻是因為長期不堪漏水想賣屋，那麼，價格就好談了！

「A先生，你真厲害，的確是第一棟。」仲介嚇一跳，心想房子才剛簽，A先生竟然更早就聽到風聲！

　　甲社區的行情價大概是八百萬，Ｃ先生夫妻開價一千萬，想必也希望能賣八百萬。

　　Ａ先生看屋時，特別仔細觀察主臥室和兒童房的牆面，離開後告訴仲介：「五百萬！」

　　「五百萬？這……」雖然曾經與Ａ先生合作過，但這個社區也算熱門，五百萬，屋主怎麼可能願意？

　　「這一戶的主臥室和兒童房都有嚴重的漏水問題，尤其他們又有小孩，應該會擔心孩子住在漏水的房間對身體不好。你告訴屋主，漏水問題如果未處理好，是會被下一任屋主告的。」Ａ先生說。

　　結果，這一戶房子，果真被Ａ先生以五百萬買下。

　　房子交屋後，Ａ先生請來了他熟悉的師傅將房子的漏水部分做處理，再重新油漆，花了一百萬，再重新出售，以八百萬賣出，賺了兩百萬。

　　「真的不敢相信，Ｃ夫婦會願意用五百萬將房子賣給您。」談起這個案件，仲介還是覺得不可置信，明明值八百萬，為什麼五百萬也賣？屋主並不缺錢啊～

　　人們對於不喜歡、有問題、不想處理的東西都會賤賣。比如賣車的人，當車有問題，一修再修、修到不想修時，就會賤賣。房地產也是如此。

　　當房子剛漏水時，屋主會想辦法找人修，如果沒找對人，房子不久後又這邊漏、那邊漏，漏到不想修時，屋主就會賣屋！

　　就像上述的例子，屋主如果願意多花一百萬修整漏水也ＯＫ，但他們卻不願意，寧願將房子賤賣，只希望早一點兒搬出去。

小孩、未來，都是心理差價的重大關鍵！

　　我很喜歡買有問題、屋主不想處理的房子，因為每個問題中，都藏著利潤。

　　問題，並不難解決，卻很好拿來殺價，但前提是，你必須要看到「殺價『眉角』」（後文即將介紹）。此外，在議價時，用小孩、未來等關鍵字，都可是讓心理差價出現。

　　一次，朋友在聚餐時提到，他目前正在看一戶地段好但坪數小的房子，屋主開價180萬，曾有人出價100萬，被屋主嗆：「我沒這麼缺錢！」屋主也直接跟仲介聲明，沒有120萬，絕－對－不－賣！

　　朋友找我去看屋時，我發現屋子有些地方滲出濕氣，尤其是窗戶下方更有漏水現象，心想，這應該就是屋主想賣

屋的原因。

在與屋主議價時，屋主提到，他不缺錢，而且「最近也幫孩子買了一戶房子」。

聽到這件事，我心想，太好了！

「這個房子已經很舊了，放愈久愈不好賣，你又有小孩，難道真的要留給小孩這樣的房子嗎？」

「我看這個房子會漏水，建商當初施工不是很理想，如果以後牆壁磁磚掉了打到人，你要把這個事情留給你子女處理嗎？」

「不如趕快脫手，把現金拿去繳孩子新屋的錢，多幫孩子一些。」

………

當天晚上，屋主以65萬，將房子賣給我朋友。

聽到這個數字，仲介都大傻眼，不是說沒120萬不賣？怎麼最後賣出的價格是不賣的一半？開價的三分之一？！

議價，就是要見縫插針，只要屋主透露出任何與金錢有關的縫隙，都要特別留意，比如子女要購屋、或是創業、留學等等，都是需要現金的時刻，愈早拿到現金，愈好用。

心理差價，是談價的最大致勝點，尤其如果屋子有缺點，屋主有小孩，更可以從孩子及未來的發展來談，讓屋

主覺得「這個房子很難賣，現在有人要買，我當然要趕快脫手」。

聽起來，似乎也有點兒像去買人家不想要的東西，所以，我常跟朋友們說，我的工作跟資源回收很像，只是，我回收的是房子而已。

殺價「眉角」，藏在細節裡。

很多人買屋殺不了價，是因為根本不知道哪邊有問題，當然也就任人宰割。

接下來，我就要告訴大家，哪些部分可以用來當作殺價的籌碼，一一扣分；扣到讓屋主以為你有透視眼、扣到屋主只想趕快賣掉，扣到讓你買到低價、賣出合理價，賺到心理價差。

格局不佳，扣分！

格局，影響了房子的動線。

在前一章中，我說過最好的格局是正方形、金型屋。遇到不好的格局時，當然就是扣分的時刻了。

房子中間，check！

確認一下，你想買的房子中間有什麼？

房子的中間，最好是空的，對於格局、動線上都比較好。

　　我曾經看過有些房子的中間是廁所，肯定扣分！

　　除了廁所外，也看過房子中間是廚房和餐廳，以此為中心點的每一個面都有房間，像一個回字型，感覺也很奇怪。

房間大小，check！

　　不論是三房、四房或兩房，主臥室的空間，一定要比較大，能顯出主人使用的感覺。

　　我曾經看過將所有的房間都規畫一樣大的屋子，感覺非常奇怪。

　　買房子的人，最需要的就是主臥室，主臥室的空間最好要放得下床、書櫃、書桌及化妝台，如果空間太小，感覺很擠，衣櫃門也不好開，是不好賣的。如果你想投資這樣的房子，價格一定要下殺！

　　殺價，不能高興怎麼殺就怎麼殺，而是要講得出一番道理，以免被人認為你是來亂的。

　　看房子時，要張大眼睛，從一些「眉角」中找缺點，價格才好議。當然，你還要知道如何處理這些缺點，以免買了想賣時，別人還是用同樣的缺點來殺價。

廁所，是大殺價關鍵！

　　買屋時，你會看廁所嗎？

　　大部分的買方對於廁所，都是打開燈探了探，看看廁所的馬桶、洗手台是哪個牌子、有沒有浴缸而已。

　　廁所，從來就不是買家的重點，卻是我絕對不會錯過的區域！

　　因為廁所裡的浴缸、馬桶、洗手台，都是大殺價的關鍵。

浴缸漏水，check！

　　「有浴缸耶～」

　　「舊不舊？」

　　「不舊，看起來還ＯＫ！」

　　「這下子，以後冬天就可以泡澡了！」

　　看到浴缸，人們的心中不外乎是瞄一眼浴缸的樣貌，想想未來是否用得到，如果想改成乾濕分離，浴缸的新舊，也不是重點。

　　看浴缸，不能只著重在新舊。浴缸，是最容易被忽略的漏水元凶。

　　浴缸與地板間的縫，有乳白色的、被稱為Silicone的專用黏膠。雖然Silicone可隔離水分，但日子一久，或當初

施工不優時，水，就會一點一滴的，從Silicone中入侵牆壁，成為壁癌的來源。

所以，一旦看到浴缸，一定要檢查浴缸四周各面的Silicone，如果有「黑黑爛爛」的，更要留意牆壁是否容易漏水。

如有漏水現象，就可以從這個部分來要求屋主降價，畢竟處理從浴缸漏水到牆壁的最好方法，就是全部打掉重新做，這可是要花不少錢的！

馬桶影響大，check！

馬桶一向是大家最不注意的地方，百分之九十九的買家，頂多看看馬桶是什麼牌子就離開。

其實，從馬桶就可以看出「水」的問題，看出社區管理好不好。

記得，**看馬桶時，一定要沖水，看看水補回的狀況。**

如果沖水後，馬桶的水太滿，代表化糞池很滿。正常來說，排水位線不應這麼高，所以也要思考一下，社區管理是否出現問題，以致沒人願意處理。

看馬桶品牌，也是必須的，像TOTO是很不錯的品牌，但是有些建商採用的是「山寨版」，在質感上就差很多，影響下一任買方的感覺，所以，如果你看到馬桶品牌不佳時，也可以以此來砍價。

洗手台，check！

從洗手台，可看出房子好不好賣！

我在看屋時，一定會使用洗手台。而且，是連主臥室的洗手台都要使用。

一進到廁所，我的動作是：**先將水龍頭打開，看看第一時間流出來的水，是黃色的還是透明的。**

房子的水管，通常只要放三、四個月沒有使用，裡面就會有生鏽。所以，只要打開洗手台，看看水中到底有鏽或沒鏽，就能猜測出房子賣了多久。

如果發現房子賣很久了，表示不好賣，可以花一些時間來殺價，不急。

當然，有些較用功的仲介，也懂這個「眉角」，可能會三不五時就去開一下水。

此時怎麼辦？

再教你一招──**轉開浴缸的水龍頭＋轉開廚房的水龍頭。**

以三房兩廳的物件來看，通常會各有一個洗澡的水龍頭，各有一個洗手台，再加上廚房，至少有五個水龍頭，這五個水龍頭請各個都去試，這個「眉角」是我自己的經驗發現，懂得的人很少，但非常的準。

屋主在賣房子，心態通常是，一開始時，會覺得房子很好，但賣了半年還賣不出去時，就心灰意冷了，賣了一年

之後就隨便賣了。**房子賣愈久愈好殺價，關鍵就在於你懂得揪出房子的問題，並看出房子是不是賣很久！**

風切，也要扣分！

當你在看房子時，請留意房子的周圍有沒有下面的情況：

房子位於很高的樓層，旁邊卻都沒有一樣高的大樓；房子雖然不高，但前面有兩棟大樓，大樓中間的巷子又面對你的房子；小心，這間房子可能會出現「風切」的情形。

風切，是一種大氣現象。平日坐車時，當車子開到風很大的地方時，我們常會聽到「呼呼」的風聲，附在車子上般嘈雜。

房子也一樣，太高的房子或剛好在風口附近的房子，最容易遇到風切。住在這樣的屋子裡，當風切現象出現時，就會一直聽到「呼呼」的聲音。

我會建議大家在**看房子的時候，除了白天看屋，晚上也要再看一次**。尤其晚上的時候風比較大，可要求晚上看屋時，仔細聽房子是否有風切的聲音，如果有，一定要砍價。

NOTE 月風買房 / 賣房筆記

風切如何處理？
關於風切問題，我的方法是裝氣密窗。

有時候，氣密窗必須裝到兩層，才能降低呼呼風聲。
所以，既然日後必須花錢裝氣密窗，下手當然要砍價。

採光面，要注意！

　　好賣的房子，在一進門時就先加分。尤其當客戶白天看屋，一開門時，光線剛好從大廳照進來，是多麼怡人的感覺。

　　如果，再加上每個房間都有獨立的採光跟通風，又更加

分了。

假如房子一進門時，就感覺陰陰暗暗的，那麼，就不是只有「砍價」而已，還要大砍。

對我而言，除了凶宅外，**房地產只有一個問題——價格。**

有任何問題，任何優點，都反應在價格上。

在本書中，我提出這麼多參考資訊，都是讓大家跟我一樣：為了買到合理，或是比合理還要低的價格。所以，在墳墓旁邊的房子可以買、有白蟻問題的可以買，只要打折夠低，這些問題都是可以用錢解決的。

「一千萬的房子殺到五百萬？！」

這個情況，在一般人聽來都覺得「怎麼可能？」、「又不是在買衣服，還買對折？」

當然有可能，當你懂得殺價「眉角」時，就可以東扣西扣。尤其是，當你發現屋主需要現金時，更有機會救急，而買到好價格。

別太羨慕我，除非你像我一樣，對於某些區域已經熟到「不看房子，只要問哪個社區，哪一棟，那個樓層」就能直接出價，不然，還是建議當你看完一戶完子，必須懂得將所有的缺點都一一挖掘後，再來殺價才有機會殺到一個好價格。

Secret 秘～同社區有兩戶在賣時，好下手！

有一次，仲介告訴我，某社區有個房子賣很久還沒賣出，我到現場時，發現，同一層樓還有另戶也在賣。

「另一戶是最近才賣出來的。」仲介說。

「那好辦～」

還記得我之前提到的屋主心態嗎？當一個屋主賣了很久時，心理上只希望能趕快賣掉，此時，如果又有競爭者出現，屋主更會擔心。

「這兩戶的價格是多少？」

「都是開價一千萬。」

結果，我進到屋子後，發現屋子的缺點一堆，扣分扣分一直扣分，最後以五百萬購入。賣屋前，則將這些缺點都先處理好，開價八百萬，很快就脫手了。

加價、殺價傳家招，大公開！

買屋時，如果你想買的價格較低，那麼，一定會遇到
「加價」的情形。賣屋時，除非你的開價低，不
然，也會遇到被殺價。

你知道嗎？加價和殺價，也有撇步的。

加價撇步：從總價加起。

當你看上一個房子時，心中一定會有個底價。

這個底價，通常也一定跟屋主的開價有不小的差距。此
時，仲介一定會要你加價。你會怎麼加呢？

一位朋友相中一間30坪的物件，屋主開價550，朋友的
底價是440萬。

「400萬！」朋友向仲介提了一個數字。

「400萬？這跟行情差太多了～這邊最近一次成交價，
是一坪17萬，如果要斡旋，至少也不能差太多。」

朋友算了算，他想要的底價，連一坪15萬都不到，跟每
坪17萬，坪價差了2萬多。

「不然，每坪16萬好了。」

朋友一開口，仲介就高高興興簽了斡旋，後來，又在仲介的三寸不爛之舌下，房子以5百萬成交。

聽到朋友的例子，我立刻發現個中的問題，仲介以坪價為單位，讓朋友加價，其實，在買屋時，加價應該要從總價加才對。

而且，要養成「不管仲介說每坪多少，就是要堅決從總價加」的心理。

「如果是我，就從400、415、420……慢慢加。」

殺價撇步：從坪價殺起。

買屋時，要從總價加起。殺價時，因為身分不同，自然要從坪價殺起。

比如，三十坪的房子，屋主開價600萬，換算下來一坪20萬，殺價的時就別直接從總價殺，千萬別說：「不然550萬」之類的話，而是要從每坪去殺如「每坪18萬5千～」

從每坪20萬，到每坪18萬5，聽起來好像少很多，總算下來其實是45萬。

殺價的時候，要把單位談小；加價的時候，要把單位談大，這個話術不管是房仲人員，還是自己本身在使用的時

候，都很好用。

　　當然，也因為房仲可能會用這個話術來對你，所以，無論你在哪一方，心裡要堅守自己的線，一旦越線，寧可放棄。

靠實價登錄殺價

　　「自從實價登錄後，買家心中都有數字，房子變難賣了。」仲介們說。

　　很多事都是一體兩面的，靠實價登錄，也可以賺到錢。尤其是同一個社區裡面，更可能因為「資訊不對稱」賺到更多。

　　這話怎麼說呢？

　　大家普遍以為同一個社區、同一個樓層的行情應是一樣，事實上並不然。

　　即使是同一個社區、同一個樓層，可能甲戶採光好，乙戶陰暗，丙戶主視線被擋到，丁戶完全沒被擋到！

　　而當甲戶以每坪30萬賣出時，就可以跟乙戶說：「之前甲戶每坪30萬，是因為那一戶採光好，所以價格當然高，你這一戶沒什麼採光，還要賣每坪28萬？」

　　屋主，是最知道房子缺點的人，採光又是個大問題，每坪砍個５萬都不算太狠。

當屋子買來要再出售時，就可以用實價登錄的行情說：「之前甲戶每坪30萬。」

懂得運用資訊不對稱的人，就能從中賺到錢。

「算」出價格，讓仲介幫你議價

在殺價時，還有一個方法，就是直接算給仲介聽，問他，如果他是買方，要用多少錢買才划算？

有一次，剛認識不久的仲介，報了一個房子給我。這間房子屋主開300萬，我出價200萬。

仲介聽到我的開價後，立刻說：「大哥，你出200萬買不到！240比較有可能！」

「你知道這200萬是怎麼算的嗎？」我反問。

仲介搖搖頭。

於是，我一一算給仲介聽：

買屋時		賣屋時	
月風出價	200萬	原總成本	221萬
仲介費	4萬	仲介費	9萬
代書費	2萬	賣屋利潤	30萬
整理費	15萬	至少要賣	260萬
總成本	221萬		

　　算出數字後，我問仲介：「當我這次的出價200萬時，如果要賣屋，至少賣260萬，那麼開價可能就要開到280萬，如果再高，也不容易賣出去了，所以，你覺得出價200萬合不合理？」

　　仲介聽了之後，也點點頭，願意幫我去跟屋主議價。**千萬要記得，你不是要買到房子，是要從房子上賺到錢；買到很容易，只要錢夠就買得到，想從房子上賺錢，則要買到低價才行──這個原則，一定要牢牢記住。**

找到缺錢的人就「賓果」！

　　每一戶的議價方式，並不一樣。無論如何，最好議價的就是缺錢的人。

　　我因為經營的事業較多元化，也常跟銀行往來，我深深知道，缺錢的人其實很多。此外，有些人是原本不缺錢，突然開始缺錢。比如：開車撞到人，需要賠人家一大筆錢；買股票跌停板被斷頭；劈腿被老婆抓到，老婆要離婚、分財產……

　　在房地產過熱時，我也會將資金投入放款事業，也遇到一個讓我印象深刻的例子：一位債權人，欠了賭場一屁股債，完全還不出來。此時，他的爺爺過世，讓他繼承了一筆土地，但這筆土地上的房子，卻沒有保存登記（也就是

沒有產權）。債權人為了還賭債，馬上以純地價的六折，將房子抵押出來。

將來如果還不出這筆貸款，那麼，土地及土地上的房子（商圈店面），就會以跳樓大拍賣的價格被吃下來。

聽起來好像很悲劇，但是，世界上的事瞬息萬變，缺錢的屋主通常都急需現金，而不要求房價一定要談到多高。

所以，不用管房地產景氣不景氣，只要掌握「**低買，合理賣，賺價差，把量做大**」就對了。

Secret秘〜看謄本，找到欠錢的人

有時候，屋主說不急，看到謄本時，就發現不急是假的。

我曾經看到一位屋主的謄本為：民國70年過戶，90年還完。100年時，又跟銀行借了一大筆錢，雖然屋主說他根本不欠錢，但是，從借錢的時間點和數字中，就能明顯的感覺到，屋主還頗急的。

我，剛好最喜歡救急不救窮！

只要發現屋主愈是近期借錢，表示愈可能缺錢。

我曾經看過一戶房子是這樣的：屋主民國96年買入，貸款設定的時間卻是101年，表示屋主超欠的，當屋主開高價時，就可以拚命殺價。我常常買到連仲介都說「不可能」的價格，就是因為了解屋主缺錢急賣的心理。

買房，要買的是「屋主要停損、要退場」的房子，而不是找「屋主要賺錢」的房子，才會買到便宜價。

屋主賣房子的意願跟原因是非常重要的，只有上一個買方很欠錢的時候，你才會買到便宜的房子，而便宜的房子，將可以很快速幫你致富。所以，即使是法拍屋再拿出來賣，除非是賣方要停損，否則我也不會買。畢竟，不管是外觀、格局、年分、屋況……等，房地產拉回到最後，還是只有「價格」。

第四章

這樣做，讓你的房子成為搶手貨！

既然要賣屋，
當然都希望自己的房子能賣到好價，
而且愈快賣掉愈好。

不管你是自己賣，
或交給仲介賣，在開賣前，
請確認，絕對要讓你的房子，
變成人見人愛的搶手貨！

45天賺65萬的祕訣！

20歲時，你，在做什麼？

20歲那年，我，在研究股票賺錢之餘，對於房地產也開始感興趣，每天都在想，到底要怎麼樣，才能在房市中賺到錢。

「你好，我想要看房子！」首先，我打電話給仲介，約好看房子。

看了1間、2間，當我要求再看第3間時，直接被仲介拒絕。

在仲介眼中，我，根本就是一個毛還沒長好的小子，肯定以為我是來鬧的。

無妨，這家仲介不帶，那我找別家總可以吧！

「不好意思，這房子可能不適合你喔！」第二位仲介更絕，帶看一間房屋後，直接跟我說，我想看的房子不適合我。

然後，第三家、第四家……，當仲介們一一拒絕我之後，我決定自己來！

路是自己走出來的，既然人家不帶看，我自己想辦法帶自己看，總可以吧！

「你好，我來應應徵房仲！」

走進房仲公司，這次，我的身分從買家成為了仲介。

每天每天，我帶著滿滿的熱情看房子。

早上，當其他仲介們還在睡覺時，我已經拿了鑰匙出門。

下午，當其他仲介在喝下午茶、把妹、聊天時，我已經看了八戶房子。

晚上，當其他仲介準備回家、第二攤，我還在某一個地方看房子。

這家房仲公司的房子看完，沒關係，還有下一家。

就這樣，我待了幾家房仲公司，看了三百間房子，也發現房子無法快速賣出去的最大因素──沒有整理。

不蓋你，一間房子只要超過半年賣不出來，就沒人想來打掃。

於是，這戶房子就開始積灰塵，結蜘蛛網；有些房子裡，還出現小強的屍體，客廳２隻、主臥室１隻、廚房５隻……

難怪房子賣不出去。

「將來，如果我要賣房子，絕對要將房子整理好，讓我的房子跟別人不一樣！」我在心中暗暗告訴自己。

沒多久，這個機會來了，兩位朋友得知我想投資房地產，並且累積了一些心得後，決定與我合資買房。

這個房子是十年的老房子，地段很好，但屋主並未維護房子，十年屋看起來像二十年，一直乏人問津。屋主也因為賣得不耐煩，最後讓我以很低的價格得手。

成為屋主後，第一件事就是吆喝兩位朋友進行大掃除。

「我們得先把櫃子搬去丟！」我早就覺得這個陳年櫃子太老舊，不清不行。

三個壯漢使出吃奶力氣，數到三……

突然，點一點的白色蟲子，從腐朽的木頭上掉下來。

是蛆～～～

清空了「蛆櫃」後，客廳看起來清爽不少！

大掃除，開始！

首先，將窗戶及玻璃門一片片卸下來沖洗；接著，將窗溝及門框擦淨、上油；陽台、地板都用洗衣粉刷洗；牆壁擦上新油漆；將每個燈泡拆下，換成新的；廚房也是重點，用白博士讓它煥然一新，更可以吸引到家庭主婦的目

光！黃色燈光加上米色油漆，再加上柔美的門簾和窗簾，會讓買方有一眼就「ㄅㄧㄠˋ」住的機會。

就這樣忙了3天，每天都累到連吃飯的力氣都沒有，房子，終於煥然一新。

45天後，房子順利賣出，賺了65萬。

沒錯，只花了4160元整理，就賺了65萬！

消息傳出後，連仲介朋友都十分驚訝：這麼難賣的房子，你竟然４５天就賣掉，還賺那麼多！

原因，就在於「差異化」。

想想，我看過那麼多的房子，沒有一間是屋主願意整理乾淨的。同一間房子，有整理跟沒整理，賣價就可以差個一、二十萬。

因為了解了這個道理，在投資房地產之初，我都覺得自己彷彿變身清潔工，每週都在整理房子。初期雖然辛苦，可是，你將發現，你用的每一分心血、流的每一分汗，都會在存摺簿上看到報酬！

整理的工夫可大可小，無論如何，每間房子買了後，我一定會做三件事：

油漆＋換燈＋裝窗簾，並且不忘
每星期清潔房子，直到賣出去為止。

接下來，我將告訴大家更多整理房子的「眉角」。

這些，都是月風的經驗累積，照著做，你的房子賣相一定比不做要好！

NOTE月風買房／賣房筆記

當你是屋主的時候，有賺就好。

當你要買屋的時候，一定要堅持。

利潤，不會在你買屋的時候出來，而是在賣屋的時候出來！

賣不掉時，什麼都不算數，所以，當你在買屋時，一定要千挑萬選，一定要殺到你自己最理想的價格，買到你最想要的房子。

而賣屋時，則是只要有賺就要賣，千萬不要放、不要貪，賺1～2成就跑，以免留來留去留成仇。

清空，是一定要的事。

如果，我有兩間房子，一間在台北，一間在桃園。

桃園的房子，我一定會清空，因為桃園的房子價差不高，一放入家具，買方就需要投入更多「自備款」，而「自備款」通常都是房子賣出最大的阻礙。

台北的房子，才有必要投入裝潢或家具，提高價差。

房價愈低，愈要清空；
房價愈高，愈要投入裝潢或家具。

在桃園，當然也有單價較高的房子，遇到這樣的房子時，我才會放一點簡單的家具，但一定要整組購買，才能提升價值。

比如，在買桌子的時候，一定要大桌配小桌，不要只買大桌，然後，記得要在小桌上放一盞小燈，增加好感度，因為，**整體設計感的提升是非常重要的！**

如果要放沙發，記得，千萬不要買布的，一定要皮的，因為布的一髒就沒救了。我曾經有過很慘痛的經驗，當

時，我買了布沙發，並交給仲介賣（那時房子多，已經多
到無法自己賣屋）。

　　過了三個月後發現，原本漂亮的布沙發，上面竟然出現
茶漬（大概是哪位客人邊喝飲料邊看屋，一時失手就打翻
了），還有狗啃的痕跡（不必驚訝，客戶會帶愛犬來看
屋）。

　　再次聲明，如果一定要放沙發，請放皮沙發，至少茶漬
擦得掉，至於狗狗進來搞破壞……嗯，只能期待不會遇到
囉！

採光，可以「感性」營造

我們都知道採光的重要。

萬一，房子的採光不是那麼的好，有沒有辦法營造出更好的採光？

當然有。

你可以從牆壁油漆和燈光下手。

米白色油漆，沒人會扣分。

當房子的阻礙物愈少時，牆壁就顯得非常的大。

挑對油漆色彩，是不容小覷的事。

尤其白天時，油漆的顏色，也會為房子的採光加分。

米白色油漆，是我唯一選擇的色彩。

別的色，都不要用，不管房子是中古屋或年分不長的；不管是兩房、三房；公寓或大廈，都請採用顏色最大眾化的米白色。

*NOTE*月風賣房筆記

有些房子會裝飾窗簾。

記得，窗簾不要挑粉紅色、不要挑藍色，而是要以**黃色系為主**！

這是一個絕對的概念。

由於牆壁是米白色，窗簾的色彩如果比牆壁還淡，就沒有力量。

有窗簾的時候，力量要放在窗簾上，用黃色系的窗簾，襯托一個柔和的空間，彷彿在皇宮一樣作夢的場景，讓人有無限的嚮往，房價也比較好談！

另外，一般中古屋的門框都很醜，一個好的門簾也會大大的加分。

門簾，不是非用不可，但如果門框醜，又有前門陽台，一進來就看到，真的要用一下比較好。

選對燈，增加成交衝動感。

　　人在做決定的時候，感性的衝動比理性的衝動來的更多。

燈泡選擇，check！

　　基於這個道理，嘿嘿嘿～白色，可要用對地方喔，因為白色是一種偏理性的色系。

　　當我們想要賣一樣東西的時候，往往希望客戶不要太理性，才有加速成交的可能。

　　房地產也是，當買方進到屋子內時，一定要多讓買方有一種「感性」的衝動，所以，房燈是一定要用**黃色**或**米色**，這樣的光，才會散發一種柔和感，減少理性思考！

　　確認好燈泡的顏色後，也要確認燈泡的型態。

　　大部分的人，在選擇燈泡時，都會以「省電燈泡」為主。但你有沒有發現，省電燈泡的光線，怎麼看都有點兒怪怪的。

　　如果你要賣屋，切記，不可使用省電燈泡，因為省電燈泡不夠亮，美感出不來，而且成本較高。

　　省電燈泡一顆約在150～180元左右，而漂亮的清燈泡卻只要7元！！

請不要使用省電燈泡，而是要用材質透明的清燈泡。

清燈泡的效果，會讓光線很亮，選擇黃光的清燈泡（絕對不能用白光燈泡），讓透明的黃光照亮一個家，就好像到五、六星級飯店一樣，感覺超棒的。

燈具挑選，check！

我曾經看過一個房子，格局很好，客廳方正，但是，一走進去就是覺得哪邊不對？

往上一看：客廳天花板上的燈，怎麼會是像辦公室用的長排的日光燈～～

屋主說：「啊就因為客廳大，用這種燈最不麻煩了。」

聽起來好像很有道理，可是你知道嗎，不同的房間，使用不同的燈具，將讓買屋者更有FEEL～

燈罩是成功所在，不同的空間，就要配不同的燈罩。

當空間大的時候，必須選擇投射幅度夠廣，讓房子感覺光線充足的燈罩。而小空間適合向上照射的燈，避免太強的光破壞整體美感。

當客廳很大時，燈具就要挑可以對外放射的燈。如果房子沒有很大，使用對外放射燈，反而會讓房子過亮不舒服，此時，要挑選圓形的燈具，而且燈要往天花板上照，好評最佳。

客廳和餐廳，一定要放兩盞主燈，千萬不要省燈的錢。

　　總之，就是要在設計上強調一致性的美感，讓買方一進來就對這個房子愛不釋手。

光源選擇，check！

　　光源，共分為三種，一種是主要光源，一種是點綴型光源，一種是功能型光源。

　　主要光源就是最大面積使用的光源，如客廳、餐廳、臥室都會有至少一盞的主要光源。

　　功能型光源的目的是以照亮為主。比如照亮廚房、照亮書桌。

　　有些餐廳，除了裝上一盞主燈外，餐桌上面還會有功能型光源，讓人在談話時看得更清楚。

　　點綴型光源，主要的目的是增加氣氛。比如，客廳的一角，擺上一個直立燈；或餐廳牆壁，再坎上一兩盞投射燈；或者主臥室牆壁，再放上貝殼燈。

　　點綴型光源不會花太多錢，卻能讓房子的氣氛好上幾倍。想想，當你在餐廳吃飯時，牆壁上有投射燈，是不是讓餐廳的價值立刻提升？

　　到了主臥室，先秀一下主燈，然後關掉主燈，開個貝殼燈，是不是超有情調？

　　回到客廳，在單人搖椅旁，又有一盞直立燈陪伴，是不是很有書卷氣質？

*Secret*祕～晚上看屋，增加好感的絕招！

「我白天比較忙，要晚上才能看屋～」

有時候，會遇到晚上才能看屋的客戶，此時，更是我大展身手的時候。

在約定的時間前二十分鐘，我會先到達目的地，打開窗戶讓空氣流通是必備的。然後，大燈全關，僅留下客廳的小桌上的燈，以及餐廳牆上的投射燈。

當客戶進門時，看到的，就是彷彿來到咖啡廳般，如果是一對男女來，肯定會感受到羅曼蒂克的情調，就算帶著小孩來，這樣的氣氛，也十分受到小孩的歡迎。

光源的力量是很大的，真正的價值，不是花幾百萬裝潢，是在正確的地方放正確的事物，就能看到價值！

第一印象營造大成功後，我才會打開大燈。

主臥室，我會一些功能型燈，讓燈可以分段切換，從大亮、中亮到暗，介紹時，我就會一段段切換，讓買方覺得主臥室有這樣的燈真好。

主臥室跟客餐廳非常重要，一定要將氣氛做出來。白色的沙發，

黃色的光，還有柔和的直立燈……整體下來，質感非常很棒，客戶會感覺「嗯，這是為我特別設計的」～～

信不信，回到家後，客戶的腦海中，還會一直浮現「家中咖啡館」的情景……之後再看其他房屋，都會覺得「少一味」！

NOTE 月風賣房筆記

教會，不是嫌惡設施，不過有些人會覺得教會的禮拜天早上很吵，所以，如果房子在教會旁，不要在禮拜天帶看。

廚房對了超加分

前面提到客廳、餐廳和主臥室的重要性。
這邊要再告訴大家，廚房也是加分的地方！

廚房的氣氛，跟買方的生活型態，有很大的關係，上班族多與家庭主婦多的區域，廚房的營造是不同的。

區域上班族多，廚房小而美！

如果房子座落的區域，以上班族為主，比如竹科，比較無法天天做菜，或沒有太多時間做菜，普遍買外食，廚房最大的功能是拿來熱菜，使用度並不高，所以，上班族多的區域，廚房不必大。

附帶一提，科技業人士，大部分在乎休閒品質，廚房雖然不必大，但採光還是要好，質感要佳，客廳、主臥的介紹更是不能輕忽，比如，強調客廳可以放很大的電視、床鋪可放大size，很舒服很寬敞，還可以放音響設備……等描繪，**要儘量為買方塑造一個夢**。

區域家庭主婦多，廚房要有FEEL。

　　如果你想賣的區域是住宅區，有不少家庭主婦會每天做飯給家人吃，那麼記得，廚房要大。

　　女生多半喜歡大、乾淨、漂亮的廚房，即使你的房子廚房不大，也要想辦法將廚房弄得儘量乾淨、漂亮。

　　廚房很重要喔！

　　對於女性來說，廚房決定是否要買房子的比重，占了近20%。

　　如果廚房寬敞漂亮，女性會覺得：ㄟ！如果我在家裡面煮飯，空間很棒，太好了！

　　無論如何，在家庭主婦多的區域，廚房決戰點之一！

　　想辦法要讓廚房採光很好（很多廚房都只在天花板上放一盞小燈，大扣分），讓廚房感覺很漂亮，再將燈光打亮，肯定加分加很大。

　　又如大安區啊、信義區，很有錢的老婆在家裡面的，那廚房把它用大一點，感覺生活空間就會更有質感，賣價自然也會不一樣，所以你看豪宅區的廚房空間就超大的，這有它的邏輯的。

*NOTE*月鳳賣房筆記

每個房子，一定要有梁。

說到梁，大家也都知道梁壓床不好。偏偏，有些房子的梁，剛好就位於不是很理想的位置。

如果梁的位置很不優，那麼，無論如何，一定要處理。

包梁，也有祕訣。假如梁是在客廳，可以只包客廳倒還好，最麻煩的是，主臥室不能被梁壓到。

如果主臥室被梁壓到，就不能只包主臥，以免會讓買方有「欲蓋彌彰」之感，此時，至少要連客廳都包起來，讓買方不會立刻起疑心。

第五章
讓銀行、仲介站在你這邊

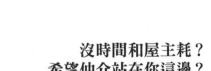

沒時間和屋主耗？
希望仲介站在你這邊？
想買房，但貸款好死沒彈性?!

在本章中，將告訴大家仲介心理，
教你與仲介變朋友的方法，
也告訴你銀行可以幫我們做哪些事。

了解仲介前，先了解生態

每一個行業，都有行業的生態。房仲業，也是如此。

每家仲介公司，都有自己的「給薪制度」，在找尋仲介前，請先了解仲介公司的特色，你就會知道，哪一家公司最適合你。

房仲的生態，可以從公司的薪水制度看起。

此外，老鳥或菜鳥，也有不同的特色。

了解仲介前，先了解房仲生態，將可當成你選擇時的基礎。

老鳥好？還是菜鳥好？

有次午餐時，隔壁剛好坐了一對夫妻，討論的話題是「到底要找房仲菜鳥或老鳥」！

「我覺得老鳥感覺很油，話術又多，我們怎麼被騙的都不知道，找新人比較好！」太太說。

「菜鳥一問三不知，說不定我知道的都比他多，找資深一點的好，不拖泥帶水。」先生說。

　　兩個人討論的很大聲，讓不想聽他們講什麼的我，都聽的清清楚楚。

　　你是否也有同樣的疑問？怕找老鳥會被牽著鼻子走，找菜鳥又太生嫩不上手？

　　沒錯，新人因為才剛進入房仲業，對於房仲的手法不了解，可能會比較老實一點。此外，新人比較有栽培空間，由於認識的投資客不多，你在他眼裡，就是所謂的貴人、大咖。

　　問題是，新人的折損率也高，一年後轉行的機會不低，對於有心靠房地產致富的人來說，好不容易培養了交情，人又轉身離去，這一年來你所栽培的種種，就變成了耗損！實在也挺傷的！

　　以折損率來看，老鳥已經在房仲這一行待了五年、十年，深知個中「眉角」，也有一套自己的作業模式，比較不容易轉行。

　　以我自己而言，我比較喜歡跟稍微資深的仲介建立友誼，合作起來也愉快。

加盟還是直營？買跟賣考慮點不同！

當你想買房子或想賣房子時，腦海中最先浮現的是哪一家房屋仲介公司？

「當然是品牌大一點的，比較有信譽。」甲說。

「品牌太大沒彈性，找小一點說不定比較好。」乙說。

等等！

告訴你，考慮的點應該是加盟或直營。

要知道原因，就不能不了解直營和加盟的分別，等你了解後，就知道買屋向誰買、賣屋找誰賣！

先來說說直營公司的特色

直營體系，以領底薪為主，不管是Ｏ義房屋、台Ｏ房屋、永Ｏ房屋，都有底薪的，只要每個月簽了足夠案子，就可以領到錢，至於有沒有成交，就不是那麼的重要。（因為別人有可能會成交，所以房仲只要負責一直進案就好）。

在這種情況下，如果是你，為了趕快簽約進案，會怎麼做呢？

答案是，屋主開的價格，即使比市場行情來得高，也會簽約。

這就是為什麼，大家往往覺得某些房屋仲介公司的開價超高～

換句話說，如果跟領底薪為主的**房仲**買房子，**買到貴的機會也高**。

再來聊聊加盟店的特色

加盟店剛好跟直營店相反，沒有底薪（或底薪超少），房仲們必須靠簽約和成交來獲取利益。

在這樣的情形下，如果屋主希望的價格較高，房仲就不一定願意接，因為大家心中會認為「這麼高，根本賣不掉，還浪費廣告資源」。

一個是簽六件委託賣屋約，一個月就可以領四萬；一個是以成交為前提。

想當然，跟領底薪的房仲買房子，多半買到較高的價錢；跟加盟店買，則因加盟店有成交的壓力，就會願意為了買家努力看看！

正因為兩者的差別很大，所以，如果你要買房子，找**加盟體系**，比較有機會買到好價格；如果你要賣房子，領底薪的**房仲體系**，廣告資源比較多，曝光機會也比較高。

*Secret*祕～在直營體系快速賣屋的方法

現在，你已經知道買屋找誰、賣屋找誰了！

再教你一招：

當你委託直營體系賣屋時，請記得，把開價降低一些些。

由於直營體系的屋主，十個中有八個都是芭樂價（亂開價），明明行情是一千萬，硬要開一千三百萬，剛好，你非常識趣的開一千萬，就會變成區域裡面最好賣的。

「這間房子，我不想開太高，我要開最低價。」

當我房屋取得價格低時，我也不怕開低價賣，因為無論如何，我都有賺：我要的是**快速成交**。

給獨家賣屋好，還是開放多家好？

　　「咦？這個房子，我不是才在永Ｏ房屋的ＤＭ上看到？怎麼東Ｏ也有？」

　　「不止不止，連信Ｏ也有！！」

　　你是否發現，同一戶房子，出現在多家廣告單上？

　　沒錯，很多投資客，都會將房子開放給很多家一起賣。這是不是代表，房子要開放多家賣屋比較好？

　　我的答案是：見人見智。

　　只給獨家賣，在房仲界的術語稱為「專委」；開放多家賣，稱為「一般委」。

「一般委」可能發生的狀況

　　如果，你的房子裡什麼都沒有，一般委賣是ＯＫ的。如果房子裡有裝潢，有床、有桌、有椅，那麼，小心喔，很多奇奇怪怪的事都會發生。

　　比如，房子裝潢得很漂亮，可能仲介累了，就跑去睡一下；或是有朋友來沒地方住，也大方的讓朋友住一下。又，一般委時，每個人都有房子的鑰匙，莫名其妙的，屋內的電器產品，比如洗衣機、烘乾機、熱水器，就是會不見～

此時，屋主是找不到凶手的，除非有錄影，否則很難知道是誰做的？

而且還要考慮一點，**房子賣掉時，一定要把所有在外面的鑰匙都收回來**，不然，下個屋主的東西被偷，上一家還有連帶責任！

開放給比較多家房仲賣屋，速度會比較快嗎？

我真的試過，答案是沒什麼差。

原因在於，**房子好不好賣，取決於價格。**

如果行情一千萬，你賣一千五百萬，就算放給全台灣的仲介賣都沒有用。尤其現在有實價登錄，買方也會上網比價。

真正要買房子的人，不會只看一家仲介。

如果案子沒有那麼便宜，尤其有裝潢、家電，最好不要開放多家仲介賣，東西被偷是一回事，有一些人來看屋使用廁所後，不沖水，還因為不當使用，讓馬桶被堵住，沒有人願意為此負責。

如果，你的房子賣得夠便宜，那麼，就很需要高曝光率，如此可以快速把房子轉走。

此外，當你想找一位可長期合作的仲介時，不妨開放讓

仲介賣屋，如此，可以看到誰比較認真，並從中挑選適合與你「培養感情」的仲介。

*Secret*祕～誰說專委一定要三個月？

「吼，這房仲怎麼搞的，房子都賣了兩個月，只帶看了兩次。」
「別說了，我的房子雖然有幾組客人來看，可是三個月也還沒成交，今天房仲又說要來再簽三個月，不曉得要不要簽？」

在這個世界上，很多合約的條文，都是可以商議的。
不懂得商議，是因為資訊不對稱，你不曉得哪些事情可以提出來討論。尤其是像房仲合約，因為「大家都是這樣」，所以也不知道還可以談些什麼。
賣家，最擔心的就是房子賣不掉，可是仲介合約上，明白寫著「合約期效三個月」。

你覺得三個月合理嗎？

我也會簽專委，只不過，我都以一個半月到兩個月為期限。

為什麼？

想想，你家附近的店面，如果租的出去，是不是一個半月、兩個月就有人訂走。假如兩個月還沒有被租走，那麼，之後就真的要碰運氣了。

既然都是碰運氣，不如換家仲介，讓別人碰碰看！

以兩個月為期，是可以談的，如果不願意，就換別家也可以。

一般來說，仲介手邊如果有客戶可帶看，也要幾天才約到。假設客人這個禮拜沒空，得約到下個禮拜，這樣加一加，就去掉了十五天。

算下來，仲介一個半月到兩個月，其實是挺是合理的。可是，如果三個月還賣不掉，代表他手上已經沒有現成的客人，此時，你還要再綁給他賣嗎？

九成仲介，幫的是賣方。

　　要跟仲介斡旋，就得先了解仲介的心態。

　　除非跟買方或賣方的其中一位很熟，否則，在成交的過程中，仲介9成是幫賣方。

　　因為，**拉買方容易，要賣方降價較難**。

　　買方既然決定斡旋，表示心中已經有了一個願景，在這個情形下，很容易為他的願景出價。

　　賣方，對於房子多半有些感情，除非急著要賣，不然，要等賣方自己將價格往下砍，又要降得多，是比較不容易些。

仲介最想的就是成交、成交、成交！

　　所以，想要買到好價屋，除了用房子的缺點請仲介向屋主殺價外，必須要跟仲介建立足夠的關係，給仲介誘因，讓他站到你這邊來，他才會幫你去殺價。

　　對於想從事房地產的人，可以告訴仲介：「這間房子如果買掉，我將來賣屋時，還是會找你簽約，請你幫我賣。」

　　這個誘因，雖然也不算大，但對於有些仲介來說，也可以接受，對於剛從事房地產的人而言，也不需要費太大的力氣。

*Secret*祕～有些房子根本不賣

「○○房屋，您好。」

「我看到你們的ＤＭ上，有一戶編號12345的房子，請問這個房子是位於哪邊呢？」

「喔～抱歉喔，這房子現在沒有在賣了喔！」

看上的房子沒有在賣了，心中難免有些失意，不過你知道嗎？有

些ＤＭ上的房並不是真的沒在賣，而是不賣。

為什麼房子明明沒有要賣，卻會放在ＤＭ上？

想想，如果你的公司要求你要拿到合約，但你卻達不到時，你會怎麼做？

真的沒辦法時，只好找熟人拜託一下，簽委賣合約。於是，阿姨的房子明明住的好好的，卻出現在ＤＭ上～

這類型的案子「根本就是簽回來掛的」，你雖然不明瞭箇中道理，仲介心裡卻有數。

簽約後，一定要「借屋裝修」

當你跟屋住簽訂合約的那一刻，房子在法律上看來還是屬於原屋主的，但實際上，它已經是你的房子了。

如果，你希望以最快速度再次賣屋，別忘了在簽約時多要求寫一份「借屋裝修」合約書。從簽約到交屋，要45天。一般人通常會等交屋後，才真正進入到屋內打掃。

錯～

在簽約時，如果你要求「借屋裝修」，從簽約後隔天，就可以開始打掃，洗窗戶、洗地板、換燈泡……做一些完全不會影響到房屋主體，但會讓房子看起來更美的事。

許多屋主不願意借屋裝修的最大爭議來自於：有些買方會把房子格局改掉，改到最後又不願意買了，屋主覺得很頭疼，也無法界定到底誰要賠這個錢？

所以，希望借屋裝修的朋友們，為了表示誠意，可以明列你會做的事，如清潔、打掃、油漆、換燈，屋主沒有一個不肯的！（甚至還會想，萬一你違約，房子有你幫他擦得新新的，對原屋主來說，也是不錯的！）

在「借屋裝修」45天中，我該做的早就全部做好了，利息都還沒付，就開始請仲介帶看。

我在「借屋裝修」後，是不裝潢的，清理房子後了不起就加個窗簾、洗洗、牆面油漆，就開始賣！

如果房子好，價格漂亮，真的相當於剛交屋，就馬上賣掉！又可以拿賺到的錢，再往下一屋前進。

我就是用「借屋裝修」的方法，在房子還沒過完戶，就找到買方。短短時間內就賣掉房子，一天都沒拖到！

當然，我必須說，並不是所有的仲介都敢接這樣的case，畢竟在這４５天內，我還沒真正拿到產權！

所以，想要借屋裝修，又希望仲介能在４５天內帶客戶來看，就必須與仲介培養好交情，並重視自己的承諾，讓仲介們知道，你講的話，就跟黃金一樣是不會變的。

如果，你是剛踏入房地產行列，那麼可以「借屋裝修」，等到產權完全到手的時候，再請仲介帶看即可，雖然比我慢一點，至少不必等到交屋才開始整理，怎麼說還是比別人快一步，多賺取一些時間！

你不講，仲介也不主動說的事。

有些事情，如果你不懂、你不主動提，仲介也不會說的。

比如上述的借屋裝修，只需要填寫相關合約書即可，這是可以談的，只要先跟仲介打招呼就ＯＫ，但是，如果你不講，仲介當然也不會主動說。

下面是一般人不問不講，仲介不會主動說的事，了解這些，將大大保護你的權益。

房價check！

屋主心目中期待的成交價格，不見得就是合理的成交價位。雖然屋主希望賣出的價格常常高於市價，但有時也會低於行情。

仲介為房子定價的方式，也會隨著屋主的期待和市場景氣的狀況而有不同，不過，當屋主心中的底價低於行情時，仲介可不會好心告訴你。

所以，平時多留意出售物件的開價與成交價格，作筆記詳細記錄就非常重要，見面談時，也可作為議價的依據。

代書人選，check！

在法律上，代書是買方的責任，是買方付代書費！如果

你有往來較久、可以協助你談到好貸款條件的代書，當然要用自己的人。

如果你想指定代書，但仲介不肯。那麼告訴仲介「不然代書費你們公司出好了」，一般來說，仲介都會讓給你。

有時候，這是「眉角」的問題，與仲介的往來，該親密就要親密，該硬就要硬，立場要很堅定，因為，你不是他們的棋子，不能被他們牽著走。

房屋總支出，check！

買屋，不是只要準備房子的總價款，還有許多其它的支出。包括：給房仲的買方服務費、代書費、契稅、印花稅、規費等。

此外，還要與屋主協商「如何分攤的地價稅與房屋稅」？

一般而言，移轉過戶前之地價稅、房屋稅、土地增值稅等皆應由賣方負擔，而產權登記規費、契稅、監證費、代辦費等應由買方負擔！

這些林林總總的費用全部加起來，才是買屋的支出，我們可列出項目，請房仲幫忙計算。

成屋履約保證，check！

「我們有成屋履約保證！」

聽到這句話，買賣雙方彷彿吃了定心丸，覺得有成屋履約保證，出包不用怕，一切安啦！

對於行家來說，有成屋履約保證不稀奇，重點是，這張紙到底保障了那些東西？

房仲都有自己的合約書，別懷疑，那些內文百分之百是在保護「房仲自己」，所以簽約前一定要看仔細。

◆不懂，一定要問代書，確認、確認再確認，也可讓代書知道很注重細節。

◆不要有任何歸責自己的條文出現（當然，買屋反悔不買是一定要賠的）。

◆如看屋就發現有狀況（如漏水）或其他可能會影響房價的情形，一定要補寫在合約書上，並要讓三方都簽名（買賣雙方、仲介方）。

◆漏水保固服務有哪些狀況不保？看清楚，問明白很重要。

◆房屋現況也會寫在合約上，所以盡可能不要讓買方抓到小辮子。比如有漏水一定要說清楚。而身為買方時，一定要看清楚漏水與非自然身故（如凶宅）的部分。

在內政部不動產資訊平台上（http://pip.moi.gov.tw/NET/G-Law/G3.aspx），有相關交易契約範本，大家看看這範本與房仲自印合約書，到底差在哪裡？心中有個底，在面對仲介和代書時，才拿得出東西來詢問。

*Secret*祕～這樣做，讓仲介多幫你

如果希望仲介可以多幫你，下面這件事情非常重要！

付服務費要乾脆：只要是跟錢有關的事，都不要拖延。

可是對於權力的部分，當然也要多爭取。

該付的錢，我通常會在第一時間給出。**第一時間很重要，就像仲介費，我不會到交屋才給，而是簽完約就直接付或付一半。**

想想，如果你是仲介，當簽約一完成，就收到仲介費，而不是等到45天後才收到，心中會有什麼感覺？

看透仲介想什麼？
——不可不知仲介心理學

為什麼總覺得猜不透仲介在想什麼？
當仲介說話時，要怎麼樣才知道是不是真的？

這時候，你需要了解「仲介心理學」，看透仲介想什麼！

當房仲說「這個價格買不到時」

王太太想幫兒子買屋，經由仲介推薦後，看到一間很中意的房子。

當王太太問仲介屋主開價多少時，仲介說：「1300萬。」

「我想出9百萬。」王太太說。

「9百萬太少了～」

「那⋯⋯1千萬。」

「沒有1千2百萬，屋主是絕對不賣的。」仲介篤定的回

答。

　　王太太很猶豫，她的頭期款不多，也已經退休，再加上每月的貸款……

　　隔兩天，王太太帶先生看房子的環境，巧的是，屋主剛好出來。

　　因有一面之緣，王太太想，或許私下聊，屋主會願意降價。

　　「1千萬，您覺得怎麼樣？」王太太問。

　　「我就是想賣1千萬啊。」屋主直說。

　　這下，換王太太一頭霧水了，仲介不是說屋主一定要1千2百萬嗎？

　　「喔！你出這個價錢買不到！」是很多房仲在面對買方開價時的口頭禪。

　　很多人聽到這句話，立刻就會問：「屋主底價多少？」

　　不不不，問了這句，剛好正中下懷。

　　因為，當仲介說了一個價碼後，買方就會被影響，想著：要怎麼籌錢……

　　現在，請重新設定你的大腦，當你聽到仲介說「喔！你出這個價錢買不到！」時，請做三件事：

1 算成本給仲介看。（見第三章）

2 告訴仲介：我今天是要買房地產來賺錢的，不是要買到。（投資人士專用）

3 告訴自己：現在買太高，未來我會很辛苦，哪天要賣，也不一定賣的出去。（自住者專用）

無論如何，不要受房仲的話術影響！

再強調一次，不論是自住或投資，都要用投資的思考來買屋，買到房子卻不賺錢，幹嘛買？

為了避免被仲介唬弄，在買房子前，一定要做功課，多瞭解附近的行情，超過你的預算時，一塊錢都不要加，以免當了冤大頭。

Secret祕～為什麼屋主底價
跟仲介説的不一樣？

為什麼，明明屋主的底價是 1 千萬，買屋的人也開 1 千萬，仲介卻說買不到？仲介的心態，到底是什麼？

「讓別人賺自己一筆，就不開心」是很多人的天性。所以，不管買方出價是否能夠成交，仲介都必須要「做狀況」，讓買方覺得自己殺價殺的很多，買得很便宜。

我們設想一個例子：如果一個房子市值是500萬，屋主因為急售，將底價開在400萬。正常來說，買到400萬算很便宜。但是如果買方一出400萬就馬上成交，那是不是會很錯愕，覺得自己買貴了？

此時，買方就會開始思考：「這個房子，如果真的有500萬的價值，屋主怎麼會賣400萬？」

因為仲介看多了這樣的情況，所以，會告訴買方：「現在屋主的價格是480萬。」兩天後，仲介議到了450萬；再三天後，議到了430萬，最後成交到405萬。

這麼一來，買方覺得自己買便宜了，屋主也多賣了5萬，是不是皆大歡喜？所以，別怪仲介要隱藏屋主的底價，要怪就怪大家愛「胡思亂想」的心態！

當房仲說「屋主很缺錢」時

「吳先生，目前有一間屋子很適合你的需求，你要不要過來看看？」

「我最近較忙，下星期好嗎？」

「嗯，因為這位屋主很缺錢，你要不要明後天來看？」

聽到屋主很缺錢，相信所有的買家都會龍心大悅，心想：「哇哈哈，屋主缺錢，表示可以大砍特砍，買到低價。」

欸～不一定喔！

如果你跟仲介不是那麼熟，千萬不要看屋後立刻下手。

記得，無論再怎麼喜歡，價格再怎麼符合你心中的數字，都別忘了要看謄本。

謄本的「建物他項權利」部分，可是殺價的關鍵喔！

看謄本時，一定要了解屋主有沒有貸款，如果貸款金額不高，或是貸款已經很久，比如借一千萬，已經還了十七、八年……在這樣的情況下，可能是**假缺錢**。

怎樣是真缺錢呢？

如果屋主的房子買了很久，但是謄本的「建物他項權

利」部分顯示最近的貸款日期是新增的，那麼賓果！屋主，是真的很有可能欠錢啦～

不論是買方急、或是賣方急，都要去衡量「急的背後的真偽」，而不是被「急賣心理學」給蒙騙了！

NOTE月風買房/賣房筆記

為什麼仲介要營造假缺錢的情境呢？
說到底，還是因為人性。人都是貪小便宜及幸災樂禍的。

聽到屋主欠錢，買方就算當故事聽也會多了三分興趣，覺得有機會買到便宜屋。
雖然很多仲介都喜歡編故事，但我們只要從「建物他項權利」就可以簡單的分辨出真偽，這招，一定要學起來。

有些仲介，就愛營造多人想買的情境。

一天下午，我接到朋友小 B 的電話。

在電話那一頭，小 B 的聲音聽起來既興奮又著急。

「你在哪兒？」聽到旁邊有一些人聲，看來，小 B 不在辦公室。

「我在看房子！」

小 B 說，這間房子有管理，屋況也不錯，他看了挺喜歡，可是同時間還有另外兩組客戶在看。

「怎麼辦？我怕我出的價格比人家低。」小 B 說。

仲介，可能會營造出一些情境，讓客戶趕快下手。

最常說的，就是「還有其他買方在看！」

每當聽到仲介這樣說時，我的回答不外乎是：「如果對方出價比我高，那就給他啊！」

買屋，也是一種緣分，我完全不會受這類話術的引導，因為我是要賺錢，不是要買高的。如果真的有人願意買高，就祝福他～

另外，還有仲介很厲害，會把幾組買方，約在同一個時間，一起帶看。

買方先不論真假，有時是自己人，有時是真買方。

別忘了，即使是真買方，人家也不一定有意願要買，只是來看而已。

但是，你並不知道這件事。於是，看完屋後，就被仲介拉到一旁告知：「剛才那位個買方也有意願買，你要不要趕快出價？」

記得，你的內心本位要很堅決，你不是要跟別人搶房子，而是要買到便宜的房子。

很多時候，這些情境都不是真的，目的只有一個：催促你趕快開價。

所以，如果你真的想買，那麼，也不必管仲介營造的情境是真是假，請出你覺得OK的價格。超出你的底價後，就不要再加價了，房子多的是，不一定非這戶不可。

遇到有「心理障礙」的仲介，換人！

　　小方，剛學習房地產投資不久。

　　在尋尋覓覓買了房子後，他決定委託同一位仲介賣屋。

　　結果卻是：氣炸了～

　　「當初，我是買五百萬，現在我想賣六百萬，你猜仲介說什麼？」小方氣沖沖的問。

　　「他說你開價太高，不好賣！」我淡定的回答。

　　「對，你怎麼知道？難道你也覺得我開價太高嗎？」小方問。

　　不是的，這，也跟仲介心理有關。

　　除非仲介跟你很熟，否則，不一定要買、賣都綁給同一個仲介。（如果你在買屋時，為了讓仲介幫你殺價，做出承租，那又另當別論。）

　　原因在於，仲介明明知道你購入價格是五百萬，而且當初也是他幫你談的價格，肯定會覺得「六百萬怎麼賣得掉」？！

　　當仲介自己都沒把握這個價格賣得掉時，心中的某一塊已經被擊潰了，會覺得無法向買方開口，簽給他賣反而沒用。

如果是熟識的仲介，就不會這樣了。而是懂得一開始就把買價做低，連價格、利潤都幫你算好。

我認識一位仲介是這樣做的：

某房屋行情五百萬，仲介談到四百萬，然後再轉手替投資者賣出四百九十萬。雖然仲介費照收，但是投資者也有賺，而且也很輕鬆愉快。像這樣的仲介，就可以長期往來，買、賣都簽給同一人就OK。

當你無法判斷哪一位仲介跟你比較有默契、比較懂你時，不妨一開始先「一般委」，給三間房仲試試看，唯有這樣，你才比較得出來，誰的服務比較好。

與其跟一大群服務不好的仲介往來，不如培養自己的幾位人馬，服務不好的仲介，即使數量很多，實際上沒有用，「數大，不一定就美」！

培養仲介好人脈，大賺就是你！

房子交給仲介後，就什麼也不做了嗎？

錯！

因為在這之前，你必須知道，仲介們到底在想什麼？

讓仲介站在你這邊，和仲介成為朋友，房子就能更好買，更好賣！

絕對要栽培自己的人馬

如果，你立志學習房地產投資，很重要的一點是，絕對要栽培自己的人馬！沒有自己的人馬，買賣房子會很累，賺錢的速度慢、金額一定比有自己的人馬要來得少！

一般人買房子有三種模式：仲介、中人、法拍。

仲介指的是房屋仲介，在此不再贅述。中人是在中間報消息的人，比如大樓的保全、社區的婆婆媽媽、管理員。法拍即到銀行買法拍屋。

以這三種方法買房子，通常都不太會賺到大錢，因為

這三種模式都是你有，別人也有的模式，唯有栽培自己的人馬，才能在第一時間拿到一手消息，買到好價、賣出好價。

我曾經在仲介公司工作，認識很多同行，在這些人有的人做一做換行業，有些人五年、十年了還沒消失。

找到這些仲介資深人員後，我會與他們吃飯，跟他們聊天，請他們有案子可報給我，慢慢的，就會有仲介試著介紹一些案子，一旦成交，也覺得相處愉快，下一筆就會接踵而來。

剛開始與仲介們往來時，需要比較長的時間。

因為你在測試他們，他們也在觀察你，但只要有了美好的開始，日後也就不難繼續合作。

我在前面提到，「錢」的事情絕對不能拖，甚至我是簽約時就先給一半的仲介費。

如果是非常有默契，案子很好、合作很久的仲介，我的方式就更「阿沙力」了。通常是除了仲介費外，我還會從**利潤中做一個拆比，當成紅包感謝仲介**。往往讓仲介們覺得，將案子報給我，跟他們自己買來再賣出一樣，還不用先出錢，是不是太好了！

久而久之，仲介也會將這個好康報給其他同事，所謂「好事傳千里」，我的好人脈，也就一層層累積上來。

這樣做，讓仲介們大力幫你賣房子！

如果，你發現走到哪一家，仲介都在熱情介紹同一間房子時，不要懷疑～賣方多半與仲介有良好的關係，不然就是很大方。

這天上午，某房仲公司才剛宣導完重要事項，房仲們還未出門，我氣定神閒的走到白板前。

先聲明，這家房仲公司不是我開的，之所以大搖大擺的闖進人家的地盤，是因為我跟大家都熟到不行。

白板上，寫了密密麻麻的各個案子，我拿起筆，一邊在A案件下面寫字，一邊告訴現場所有的仲介：「這個月如果將此案賣掉，我再包十萬紅包。」

同樣的情形，也出現在乙房仲公司。

對別人大方，反而幫到自己！

十萬元，對於房仲們來說，不是筆小數目，當房子不是那麼好脫手時，大方的請房仲們協助，遠比一直怪房仲不會賣房子，更能激起房仲們的動力。

我曾經有一次承諾包十五萬的紅包，結果，原本賣了六個月沒賣掉的房子，才十幾天天就賣出了～

把房地產周邊人士，當成一個團隊。

「這戶房子，貸款七成！」行員告訴Ｗ先生。

同一戶房子，行員貸給我的，則會到八成。

「這個屋主，開價最低一千萬。」仲介告訴Ａ小姐。

同一戶房子，仲介對我說：「我幫你喬到八百萬。」

為什麼同樣是貸款，同樣是找仲介，我，可以得到更好的優惠？原因在於——

我將大家看作一個團隊，當成我的夥伴。

我喜歡「大家一起分享」，在房地產投資，也是如此，尤其是長期經營房地產的人，更應該感謝周邊的人。

想想，是誰一發現好房子，就立刻報給你？

是誰知道屋主缺錢，將這個消息告訴你？

是誰幫你將價格談低？

又是誰幫你將價格談高？

貸款時，是誰努力幫你拉高成數？

要知道，能夠在房地產經營上順利又快速的累積資產，絕不可能靠投資客一人就能達成。

我把所有幫助我的人，都視為一個團隊，所以，每當我順利又快速的買到房子或賣到房子時，我喜歡與大家一起

分享成果，哪怕是三十萬，也是大家的努力才能達成。

　　當你看到大家的努力，也樂於分享時，久而久之，好的事情就會發生在你的身上。今天心胸寬大一點，習慣感恩，別人就會對你好一點，人脈就是這樣建立起來的。

*NOT*月鳳買房／賣房筆記

在房地產業初期，建立人脈、信用、口碑需要時間，除了仲介、銀行外，代書也是團隊的成員喔！

當你一旦成交，一間、兩間……，建立好的信用，連代書都會主動幫你宣傳。

有一次，一位仲介主動打電話給我，他說，他是從代書那裡聽到我的名字，代書是這樣告訴他的：「有位李先生，對同業都很好，下次有案子的時候，你可以跟他聯絡！」

有句話說「壞事傳千里」，在房地產界中，好人也會千里揚喔！

仲介最討厭這樣的客人

有一次與仲介們聚餐，當時最夯的話題就是某位投資客被收押。

「這是遲早的事情。」甲仲介說，該位投資客踐的不得了，不把人當人看，仗著自己有錢，對仲介講話非常毒，成交後還不給仲介錢。

「為了成交案子，只好忍氣吞聲，但心中是很不爽的。」乙仲介說。

仲介，雖然為了成交房屋，有很多的話術，他們也是人，偏偏不少投資客抱持著「老子什麼沒有，就是錢最多，怎麼樣？」的心態，讓仲介們在服務之餘，心中其實充滿著不滿與怨氣。

想想，如果你手上簽到一戶很好的房子要賣，甲客戶是屌到不行，還剝削服務費；乙客戶是除了服務費外，還有紅包及滿滿的感謝，你會將房子報給誰？

仲介除了討厭「有錢是大爺」的人外，也討厭遇到很龜毛，或是「半桶水響叮噹」的客人；有些人上了一些房地產課程，就對仲介比手畫腳。

其實以月風的經驗來看，這些人都是十成中懂不到六成

的新手。

　　愈是應該乾脆利落賺錢的機會，有些人卻偏偏龜毛的要命，專挑毛病、找麻煩。比如：硬要少付頭期款、不要履約保證、要附海砂屋檢測等等；不然就是要殺代書費、仲介費；或是把仲介當清潔工，屋子有垃圾就要仲介幫忙丟等等……

　　將心比心，如果你是仲介，下次再有好案件，相信你也絕不願意與這樣的人合作。

　　誰想要自找麻煩？是不是！

與銀行打好關係，好康無窮！

「目前有一位客人快斷頭了，房子位於ＯＯ路中段，你救不救？」這天，電話響起。

「好，給對方我的電話，請他打給我。」聽到屋址，我心中已經浮現幾個社區，可談。

當屋主繳不出房貸時，接下來的程序就是法拍。一旦進入法拍，就進入公家機關的流程，競爭的人也變多。我喜歡在法拍前就先「救急」。

銀行行員，是最了解哪一位屋主快繳不起貸款？！哪一戶屋主即將面臨斷頭？！哪一戶屋主急缺現金！！

由於平日我就常與銀行往來，當大家熟到一定的程度時，這類的消息也就不難得知。

過去沒有個資法時，幾乎都可以在最快的時間「救急」。現在有了個資法，當然也不好逾越法律，所以，我告訴行員：「有機會的話，就給對方我的聯絡方式，請對方打給我。」

你一定在想：有這麼多缺錢的人嗎？

當然有，或許在你身邊就有這樣的人，只是他們不會讓你看出來，也不會讓你知道。

我曾經遇過一位很急著繳房貸的女性，這位女性是家庭主婦，全家人都靠先生賺錢養家，不料先生酒駕歸天，也沒有積蓄，做太太的繳不出貸款，也借不到錢，眼看只能被法拍，可是，沒地方住，又有小孩時，面臨的問題更多！

雖然我從事房地產買賣，也不是每一戶都非立刻買不可（以免又被人家說我趁人之危）。有時，先借錢給屋主做設定，當屋主真的還不起錢時，再將房子賣給我。

對屋主來先，這樣跟被法拍、信用破產、被銀行告、沒地方落腳……比起來，哪一個選擇較好，每人心中自有一把尺。

在這條路上遇到的每個人，都請想辦法去跟他建立關係，你的關係網鋪得愈密，你愈有機會賺到錢！

所以，不論是人際關係、談判技巧、投資心法，學得愈多，錢愈多！只會一樣，或許會賺到錢，但會很慢。

讓行員快速喜歡你，有撇步！

情境1：

行員：「陳先生，我們銀行現在推出信用卡，您要不要辦一張？」

客戶：「我的信用卡已經很多了，以後如果要辦再跟你說。」

情境2：

行員：「李先生，我們銀行現在推出信用卡，您要不要辦一張？」

我　：「好，沒問題，辦張信用卡，幫你增加業績！」

很多人只把銀行當成一個平台，有需求時才見面，其實，如果懂得平日就與銀行打好關係，等到有需要時，你會發現好康的事情還真多！

再說一次，除了房仲外，銀行行員，也要打好關係。

銀行行員每天見到的客戶很多，不一定會記得你。要與行員建立良好的關係，有個小技巧：

**當行員向你「推廣」信用卡時，請立刻阿沙力的說
「好！」、「沒問題。」並告訴他「你願意幫他增加業
績」。**

現代人的信用卡普遍很多，行員被拒絕的機會也很高，
一旦有人立刻說好，且是因為挺他才辦，你想，如果你是
行員，會不會很窩心。

好關係是需要日積月累建立的。

所以，我也會打電話給行員聊聊天，介紹別人辦信用
卡，維持一下感情，也順道透露一下你的房地產需求。

久而久之，當行員看到有人要被催繳、快斷頭時，也會
做出善意的聯絡。（這一點要看行員的權限，有些人看得
到，有些人看不到）。

經常有人以為我能靠房地產投資賺大錢，是因為我運氣
好。其實不是，我也是辛苦走來的，我的人脈，都是這樣
一點一滴的培養出來，沒有第一步，就不會有後面的一大
片路。

NOT月風買房／賣房筆記

待人千萬不要大小眼，即使是小行員！

小行員沒有權限看出哪一位屋主快斷頭，但我也不會因此就不理
會，還是會維持關係。因為，你怎麼知道現在的小行員，在跳槽
之後，會不會跳到更高的職位？現在沒有，不代表以後不會有合
作機會，當他覺得身為小行員非常受你的照顧，有一天調到貸款
部門，有權限時，此時只需說：「有案子麻煩把我的電話報給對
方！」

你說，他會不願意嗎？

懂三招，銀行對你印象好！

銀行行員，是可以直接面對面博感情的。

不過，行員的權限畢竟有限，銀行在評估貸款及其他重要事項時，還是有些原則。最重要的是，你，要讓銀行覺得安心、值得信任。

以下，我提出三招最容易讓銀行幫你提高貸款、降低貸款利息的方式。

第一招：定存，check！

這部分最簡單也最易執行的方式就是：**定存的現金要夠多（約100～300萬）**。

一旦定存的現金多，銀行會覺得有「安全感」，你在貸款時，就可以被加到更多分。

定存可以讓銀行提高對你的評分，評分好，利率就會下修，但額度的部分，主要還是取決於房子本身。

不過，我也有好幾次硬請銀行主管幫忙提高額度的成功經驗，所以真的要看你平常人脈的累積夠不夠本！

第二招：信用卡付清，check！

如果定存不夠多，也不要太擔心，畢竟，年輕人很難有這麼多的定存，所以，這邊再教你一招，那就是：與銀行

的「往來要漂亮」！

　　與銀行往來要漂亮，指的是，一旦與銀行有借貸上的往來（最常見的就是信用卡），**最好要每個月付清。不要用「循環信用」，會讓銀行有「這個人應該是現金不足」的感覺。**

第三招：貸款前半年，check！

　　當你知道未來半年，可能會向銀行辦貸款時，**最好在半年前就放定存**（如半年太長，那麼至少要放三個月）。

　　定存的金額如能三百萬左右最好，這樣貸款的時候，就可以非常的加分。

　　特別要提出來的是，如果，你找了一位登記名義人買房子，這個登記名義人的戶頭，最好要有一筆定存（存三個月到半年）。等到房子買到後，再解掉定存即可。

第五章　讓銀行、仲介站在你這邊

第六章

不敢置信！房產K線教你看到啟動點！

股市技術分析中，可以從線圖找出股票買賣點，
但你知道從K線中，也能看出房產啟動點嗎？

記得，預售屋並非在不景氣的時候買，
而是在轉強的那一刻買！

本章教你從房產K線找到房產轉點的第一時間點。

簡單、有用，國中生也看得懂，
當房地產熱門時，讓你找到不敗的投資區域！

從股票看出「大賺一筆」的起點！

「◯◯建設的財務報表連續三個月呈現穩定上升數
字，看來，買點到了！」

「◯◯建設上一季獲益增加，可注意買點！」

說到房地產買點，投資人最常看的就是建設公司的財務
報表。

如果你習慣、喜歡，並且以看建設公司財務報表自豪，
那麼很抱歉，你進場的時間已經太慢。

建商，是嗅錢專家！

世界上哪一種行業的老闆，對金錢的嗅覺最高？

我的答案是：建商。

建商對於金錢的嗅覺跟敏銳度是非常高的，因為建商在
推案前，要做的事情很多，徵收土地、整地、疏通相關人
員、買容積、放寬建高，之後才是動工蓋房……每一個動
作，都是一大筆的數字，可能2005年賺到，2009年才能做
下一季，中間四年雖然沒接案，員工薪水照領、買地等

重畫、再開發，所以，在建商的思維中，賺一筆必須撐很久，一把沒賭好，整家公司就倒，所以建商在下手前，都是非常非常的謹慎。

　　無論在哪個投資市場，都有一個絕對不破的原則：人性總是貪婪的！

　　建商，在我的認知中，就是裡面最會婪的一群人。

　　請用心理學的層面來思考：如果你是建商老闆，你對市場景氣的好壞，是不是比任何人都清楚？因為，這可是攸關公司生死的大事！

　　每天銷售案現場的回報、客人購買意願、收訂數量⋯⋯等，在在決定了建商是否願意繼續購地、推案等意願。

　　相對的，沒有人可以比建商老闆更了解景氣的好壞。

　　建商，是背著所有員工、及員工背後家庭生活壓力的老闆。每天生活在龐大的壓力下，當機會來臨時，你想，建商是不是比其他任何人都想要海撈一票？

　　如果你是建商，當銷售現場買氣出現，景氣回春，燕子來臨的時候，除了購地，你會做什麼事？

　　推建案嗎？

　　錯！！

　　如果你的回答是任何跟房地產有關的動作，就代表你不了解建商。

大建商買股，是景氣回春第一訊號！

建商，也有分老鳥、菜鳥。

真正厲害的老狐狸，當嗅到景氣回春時，一定會在第一時間「先買自己公司的股票」。

雖說房地產是清水變雞湯的行業，但是，股市更是能像魔術般變出鈔票的地方。無論是為了公司未來發展，還是為了自己的口袋，**建商比誰都需要錢**。

所以，當你發現，某家建商的股票開始「止跌盤整」時，就是老闆在進貨了。

此時，如果你也在和建商老闆差不多的時機點買入房地產，不但賺錢的機會將大大提升，也可降低被套牢的機率。

而當盤整結束，公司股票開始發動時，就是大量切入該建商熱銷的預售屋的時機！

當然，房地產的時機點，不能只從一家建商來判定，後文中，我將告訴你最安全的判斷法。

把財報當風向器，肯定來不及！

很多人都喜歡研究財務報表，再根據財務報表的數字決定買入或賣出。

說句內心話，這時就太慢了！

財務報表的製作，有一定的計算和流程，而很多上市公司，財務報表是倒過來製作的。

怎麼說呢？

打個比喻：

一般而言，人們的認知是1＋1＋1＋1＋1＝5；而這些喜歡炒作的公司，他們的財報做法是5＝1＋1＋1＋1＋1。

也就是，先搞定他們想要給你看的數字，再做出財報。

所以，當他們自己要吃貨時，當季的財務報表一定不漂亮。而往往，在財務報表開始秀出獲利數字時，股票已經走了一波。

其實，最先反應的景氣及市場心理的，其實是股票。

可是股票又該怎麼觀察呢？

主持人：「今天〇〇股跌停，請問大師為什麼？近期會再止跌回升嗎？」

大師：「我們來看一下〇〇股的圖，這支股票因為……所以……可能要再觀望。」

上述的對話，是各股票財經節目經常聽到的，你一定十分熟悉。

有沒有發現，大師們在面對重點時，常會多所解釋，卻鮮少人願意直指會跌會漲。

「因為景氣實在太難預測了！」

「大戶要怎麼操盤，只有他們才知道！」

對，就是因為大家都覺得景氣實在難預測，所以我才有機會在這邊，告訴看到這本書的讀者們～～你，有福了！

大部分的人在投資時，只將眼光放在投資品上：投資客在看房子時，眼睛中只有房子；看股票時，心就只有股票；而我在股票、房產雙手賺之餘，也發現懂得將這兩者結合在一起，就能夠找到房地產的反轉點及熱門區域。

而且，這個方法還是可以化為數字、可量化的，只要你

照著我接下來方法進行，再也不必天天盯著財經節目，與大好機會失之交臂了！

　　而我們要做的，就是房地產Ｋ線中，抓出建商們心中準備「大賺一筆」的起點。

房產啟動點，這樣看！

股市，只有漲跟跌兩個方向，很容易看出來，而建商不可能只賺賣屋費，不賺股票價差。

了解這一點，就算不真正買房，買股票也能賺到錢。

八大建商走勢圖，藏有啟動密碼！

我是一個出手快狠準的人，每一次出手前，我也做足了功課。

以前，你或許只能看報導才知道房地產漲了；在你學習「月風流房產Ｋ線密技」後，你會驚訝不已：沒想到，探得房產啟動點並不難。

行情只有三種模式：上漲、盤整、下跌。

當盤整結束，準備一路往上漲時，就是買進點。

我所要教大家的，就是從Ｋ線圖中，「看出操作者的心理」，進而找出啟動點。

看銀行貸款利率時，要找八大行庫；看房地產走勢，光

看一家、兩家、四家，也是不夠的。要看，就要八家一起看。（請從上市建設公司中，找到市值最高的八家。）

這八家建設公司的股票走勢的背後，就代表著建設公司的老闆、幕後金主對於房地產的看法。

我最常看的建商分別是：太子、長虹、華固、國泰、日勝生、皇翔、興富發、遠雄。

這些建商對於房地產的消息、嗅覺，是非常敏銳的，**當行情在第一時間好轉時，他們就會開始慢慢的買進股票。**等到股票買的差不多時，公司的財報數字也因為業績陸續進來而變好，最後，才輪到主計處公布景氣上升——大多數人，都是在這時候才發現房地產漲了，此時再進入，已經太晚了。本章的目的，就是要教大家「看到建商老闆買入的時機」。

當這八家建商的股票，都出現「止跌反漲」的情況時，表示八家建商的老闆都看好房地產，這，就是買入房地產的第一時間，房地產榮景，就在眼前！

如圖6-1到6-8，是八大建商在同一區間（2009年3月23日左右），突破盤整向上圖。（讀者朋友們若有興趣，可以再自行查詢從3月23日到年底的走勢圖！）

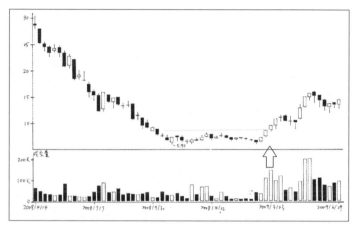

圖6-1　國泰

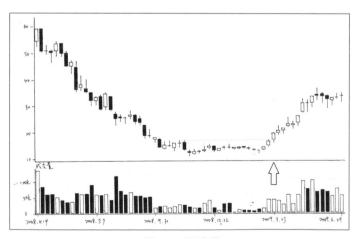

圖6-2　興富發

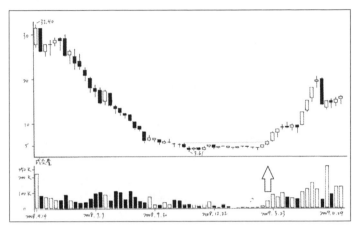

圖6-3　太子

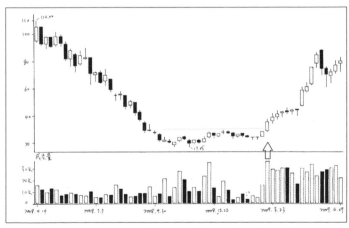

圖6-4　長虹

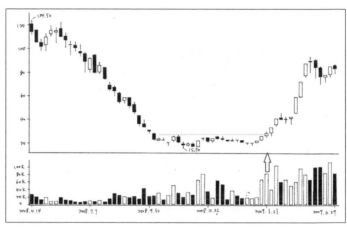

圖6-5　遠雄

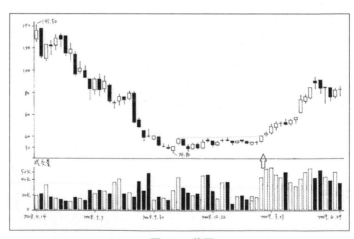

圖6-6　華固

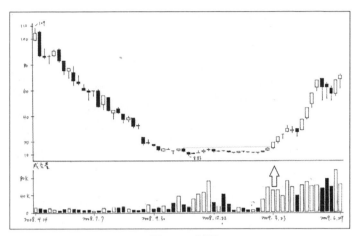

圖6-7　皇翔

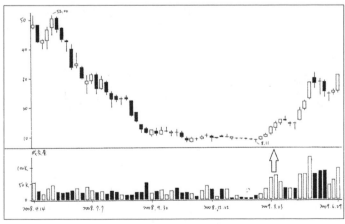

圖6-8　日勝生

盤整突破向上點，這樣看！

買股票，最怕看錯。

其中，令人最頭痛的，就是盤整。

有些盤整，是愈盤愈下；有些盤整，卻是一路往上。

一段行情，從下跌到上漲的過程中，一定會盤整。**當盤整期結束，準備往上漲時，就是房地產上漲的啟動點。**

由於股票的反應，要比房地產實質景氣反應要早，在「盤整突破向上點」買房子，一定來得及。

如何找到盤整突破向上的啟動點？

除了前面提到的，以八大建商做標準外，成交量也是一個關鍵。

成交量，check！

正常來說，在底部區的成交量普遍很小，但底部區即將結束，而成交量增加時，表示有「知道內情」的人在大量買進，後勢會看漲。

大型建商推案，絕對不會是隨機推案，而是所有的事情都準備好，所有的數據都評估ｏｋ後才下手，並且有一期、二期、甚至五期、八期。

而我們要做的，就是搭八大建商的順風車，在看到反轉

點的第一時間買入第一期預售屋。

　　房子好不好賣，不能從預售屋現場狀況來看，很多時候，預售屋現場是假相；唯有從股票中，才能看到真相！

*Secret*秘～從三百萬到四千萬的實例

當房地產時機來臨，遇到建商想出清預售屋，你的手上又有現金時，就是大展身手的時候。

在中壢的莊敬路，有一批名為「水悅」的建案。透過仲介，我得知建商有一些預售屋想出清收現金。

長期觀察房產Ｋ線的我，發現此時正是房產的啟動點，剛好手上又有現金，不買，實在太對不起自己。

在談判之後，我以每坪八萬六千元買進10戶（每戶約40坪）。當時，預售屋的頭期款約15%，我一次買入10戶，也將頭期款喬到只需要一成，即三百四十四萬。

就在我買入後不久，房市果然開始啟動；一年過去，「水悅」的價格，已經漲到每坪12～13萬；等到兩年後房子蓋好時，房地產也正熱著，每坪成交價飆到18萬。

也就是說，從我買入到賣出，兩年的時間，每坪已經漲了9.4萬，而我買了10戶，賺了近四千萬，而且當初的本金只有三百多萬。

每當我說出這個故事時，聽到的人莫不露出羨慕及不可思議的表情。

其實，不必羨慕我，只要你懂得「在正確的時間點，押預售屋」這個絕招，也可以像我一樣（如果壓不對時間點，當房子蓋好，房價也剛好跌下來，就有爆掉的危險）。

此外，買屋，並不是只能在房地產啟動點時買，平日，只要有人欠錢，願意以低價賣出，你還是有機會買到低價、賣在合理價～千萬別因為學看**啟動點**，就忘了前面幾章所學的「**地段、價格**」關鍵喔！

個別好夯區域，這樣找！

前文中，我已經教大家如何看出房地產的啟動點。問題是，到處都有土地在動工，到底要買哪一區的房子才更有前景呢？

同樣可以從股票線圖看出來。

怎麼看？

很簡單，當啟動點開始後，就可從八大建商的股票漲點來找出夯區。

每一家建設公司會有自己的區間。

當該公司股票從底部用力發動往上攻時，代表手上的建案人氣一定紅不讓，此時，請立刻鎖定該建商的推案，用力買入，而且「最好是找有一、二、三期」的，表示這一區，就是未來建商努力炒作的區域，風險小，利潤好。

下圖是華固建設的走勢圖，我們可看到，2009年3月23號之後，華固股票向上，成交量大增，此時華固剛好在內湖推案，這時候就可以買進華固在內湖的預售屋。

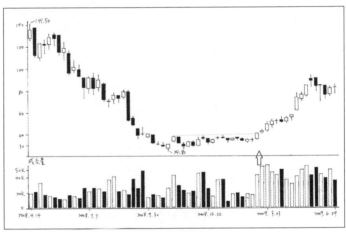

華固走勢圖

　　下圖是興富發的走勢圖，同樣可看到，2009年3月23之後，盤整區間被突破，且成交量大增，代表這個時間點的房子賣的很好，此時就可看看興富發在何處推案，可進入購買。

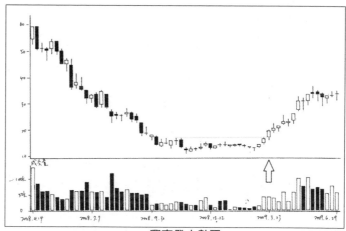

興富發走勢圖

　　另外，絕對要注意的是，如果某家建商的股票盤整區被突破，但成交量沒上來，代表這不是可靠的內線買盤進場，這個推案區就不要去追。

　　有一家建設公司拚命在八德推案，但它的股票並未上漲，表示業績並不理想，連老闆都不敢動，此時，就算廣告再怎麼大，也別受到誘惑訂下預售屋，以免套牢風險大增。

*Secret*祕～股票＋預售屋雙買，大賺絕招！

一旦研究出建商們的啟動點，如果你願意投資，那麼可採取「股票＋預售屋」雙賺策略。

2009年，正是房地產盤整完後，準備上升之初。當時，太子建設在我家附近推案，一戶三十坪的預售屋，開價三百萬。

如果你有三百萬，你會怎麼做？全部投入，減少貸款壓力嗎？

不急不急，如果是我，我會用150萬左右先買下三間。

付完頭期款後，剩下的150萬，在盤整結束開始上拉攻擊時，買進太子建設的股票。

兩個月的時間，這150萬就會成長到600萬左右。

如果你有小額股票融資，這時，你就可以擁有三間屬於自己，且完－全－沒有－貸－款，的新房子了！！

短短幾個月，當股票漲上去之後，股票賺到的錢，就可以付預售屋的錢，然後再採取前面幾章我寫到的「預售屋買賣撇步」，如此一波下來，股票也賺到，房子再出售後的價差也賺到，等於跟著建商腳步吃紅～

房地產的景氣是循環的，時間拉長、機會會一直來，所以不要急，不管你想買預售屋、中古屋，或者想長期持有，只要你願意盯著八大建商的股票走勢及成交量，下一個房產達人就是你！

後記

在別人眼中，我是一個有點屌、不怕說重話的人。

屌，是因為我有這樣的實力，不到三十歲，就在房地產、股市靠「腳踏實地」、「苦心鑽研」賺到財務自由。

雖然我很厲害，但是，我也有絕對不會忘的事，那就是感恩。

請容我再次提到，團隊的重要性。

我在經營房地產之初，因為現金超少，只能自己買賣房屋，但從我開始經營第一間房屋前，就會先與銀行建立起良好的信用關係，然後是代書、仲介，中間大概用了三年的期間在建立信用上。

當信用建立成功，等於建立了一條條的水脈、通路，後面三、五十年，就會走得很順，因為，大家都希望跟誠信的人合作。

除此之外，身兼數家公司董事長的我，逢年過節並非是

在收禮，反而大量訂購禮盒，給每一位生意上的合作對象。

　　一般而言，從事業務工作的人，逢年節都是在送禮，很難得收到好禮物，這時，你的用心，將會讓你的團隊成員，感受到你對大家的重視，產生意想不到的效果。

　　你永遠都不知道，什麼時候需要別人幫忙！

　　別忘了重要節日，向幫助你成就買屋／賣屋大事的團隊成員感恩喔！

國家圖書館出版品預行編目(CIP)資料

我在房市賺一億 /月風（李杰）著. -- 初版. -- 臺北市：
布克文化出版：家庭傳媒城邦分公司發行，
民102.08　面；　　公分
ISBN 978-986-6278-90-7(平裝)
1.不動產業 2.投資
554.89　　102014896

我在房市賺一億

作　　　者／月　風（李杰）
出版經紀／廖翊君
封面設計／許銘文
內文排版／浩瀚排版
企畫選書人／賈俊國

總　編　輯／賈俊國
副總編輯／蘇士尹
資深主編／劉佳玲
行銷企畫／張莉滎、王思婕

發　行　人／何飛鵬
法律顧問／台英國際商務法律事務所　羅明通律師
出　　　版／布克文化出版事業部
　　　　　　台北市中山區民生東路二段141號8樓
　　　　　　電話：(02)2500-7008　傳真：(02)2502-7676
　　　　　　Email：sbooker.service@cite.com.tw
發　　　行／英屬蓋曼群島商家庭傳媒股份有限公司城邦分公司
　　　　　　台北市中山區民生東路二段141號2樓
　　　　　　書虫客服務專線：(02)2500-7718；2500-7719
　　　　　　24小時傳真專線：(02)2500-1990；2500-1991
　　　　　　劃撥帳號：19863813；戶名：書虫股份有限公司
　　　　　　讀者服務信箱：service@readingclub.com.tw
香港發行所／城邦（香港）出版集團有限公司
　　　　　　香港灣仔駱克道193號東超商業中心1樓
　　　　　　電話：+86-2508-6231　　傳真：+86-2578-9337
　　　　　　Email：hkcite@biznetvigator.com
馬新發行所／城邦（馬新）出版集團 Cité(M) Sdn. Bhd.
　　　　　　41, Jalan Radin Anum, Bandar Baru Sri Petaling,
　　　　　　57000 Kuala Lumpur, Malaysia
　　　　　　電話：+603- 9057-8822　　傳真：+603- 9057-6622
　　　　　　Email：cite@cite.com.my
印　　　刷／卡樂彩色製版印刷有限公司
初　　　版／2013年（民102）8月
初版21.5刷／2022年（民111）6月
售　　　價／280元